Enjoy Your Flight!

愉しい旅を!

~ハルの世界漫遊記~

武内《たけうち》晴義《はるよし》

幻冬舎MC

愉しい旅を！　Enjoy Your Flight!
～ハルの世界漫遊記～

はじめに

２０２０年の師走、世に言う「人生古代より稀なる」年齢を迎えた。身体の衰えや痛みと戦う日々は心にもキツイ。が、かと言ってもう一度若返るのもシンドイ気がする。特に今を嘆いたり、いたずらに昔を懐かしんだりするつもりもなく自然に毎日を過ごしてはいるが、やはり人生の終焉を意識する年齢になったのも確かである。ここで、これまでの暮らしの悲喜こもごもを振り返って、これまでに出会い、お世話になった掛け替えのない方々への感謝の気持ちに代えて愉しく、珍しく、忘れ難い海外体験を伝えたい気持ちに至った。

さて、これまでの自分の人生を考える時、私はいわゆる運命や自分に与えられた使命というようなものについて考えずにはいられない。そんな難しいことなど何も考えずに夢中に生きていた若い時を過ぎ、人生も明らかに半ばを越えた五十路あたりからは自分の有り様にも一定の大きな特徴があることが見て取れ、それはまるで「既定」の路線であるかにも見える。それが「何故なのか」と言う問いには今でも答えることは難しく、追求しようとすればスピリチュアルな世界に頼るしかないように思える。

私が生まれたのは20世紀のちょうど真ん中の1950年である。日本の敗戦から5年。いわゆる「戦後世代」。戦後のベビーブームの一番最後あたりか。北には赤城山がくっきりと雄姿を見せ、はるか西には浅間山が見渡せ、南は東京まで続く関東平野の北端に近い群馬県新田郡（現在は太田市）と言う米どころである。内陸部とあって、夏は暑く、毎日の様に雷が鳴る全国でも有数の落雷多発地区である。冬は寒く、赤城下ろしと呼ばれるカラカラに乾いた北風が埃を巻き上げ、子供や自転車などはうっかりすると名物の「空っ風」に飛ばされそうな程である。それでも、二毛作に適しており、農地のほとんどは秋の稲刈り後に麦を植えて、初夏には麦刈りが行われる。

人生の特徴と言ったが、これに関しては一つ忘れがたい思い出がある。今から、数十年前のことで自分もまだ30代の前半だったと思う。友人たちの中に占星術に凝った女性が居た。素人ながらなかなか細かく占ってくれるので、面白半分に占って貰った。自分の生年月日は良いとしても、昔の事とて生まれた時間までは正確な所は分からない。よって、結果も微妙に違いが出て来るとは思うが、所詮興味半分の遊び気分である。

彼女は早速ホロスコープと言われる円形の星座表を作って「うーん」と唸って曰く、

「言語の才が抜きんでていて、本気で星から与えられたものかと思われるほどね」、「物質より精神を重んじる性格」「射手座のエゴイズムを持ち合わせる反面、お人好しでサービス精神が旺盛だが傷つきやすい」などいろいろな説明を貰った。

その中でその後ずっと忘れられない指摘事項が二つあった。

一つは、「良い星が良い室に配置されていて能力や資質には恵まれているんだけど、それらの吉星が悪い角度で並んでいるの。うーん、良い機会に恵まれてすごく努力をする割に何かに阻まれて報われ難いと言う事かしら」の言葉。この指摘は、その後自分が辿った職歴や結果などを振り返るに、すごく当たっている様に思う。とても画期的な新しいプロジェクトなど遣り甲斐のある内容の仕事の機会や待遇に恵まれている一方で、その仕事に専念するもそれを阻むようないろいろな要因でその仕事の結果は必ずしも大成できていないのは事実である。

そしてもう一つは、「外国との関わりが強くて、国としての外国、外国人、外国語などとの関わりが強い人生になりそうだし、そうすることが幸運につながります」との指摘である。

今から振り返れば、外国に多少でも縁がある様な人間が家族、親戚筋や近隣など身近にも存在しない環境の中で、子供の頃からアメリカなど外国に強く憧れ、英語の勉強も楽しく苦にならず、その習得に執念を燃やしたことは実に不思議である。大学も、今振り返れば偶然と言うよりまるでそうなる道筋が用意されていたかの如く自然にＩＣＵと言う国際性においては最先端を行く大学に決まった。60年代の大学紛争の真っ最中で入学試験の実施をキャンセルする大学も出るような受験生にとってはとても不安定な状況の中で、ぎりぎりまで自分もこの学校のことは知らずにいた。たまたま東京の私大に通っていた従妹の「国際的な雰囲気や英語がそれ程好きならこの大学が良いのじゃない？」と言う言葉が切っ掛けであった。このユニークな大学には、どうしても入学したいと強く希望する多くの優秀な受験生が必ずしも合格できない一方で、前もっての知識が何もなく特に強く希望した訳でもない自分がすっと入ったのは、やはり「運」なのか。そして、これが自分のその後の職歴や私生活に大きな影響を及ぼしたのは明らかであり、その幸運には大いに感謝している。

なお、これらのエッセイはあくまでも自らの記憶や当時したためた日記や雑記帳に基づいたものであるので、時間や場所の描写は必ずしも正確ではないことを予めご承知頂きたい。

趣味の茶道

目次

はじめに　2
初めての海外旅行　１９７１年のアメリカ　7
改革開放前の中国　１９８３年の中国　59
リオでカーニバル　１９８５年のブラジル　83
東ベルリンに住むペンフレンド　１９８８年の東ドイツ　103
タイでダイビング　１９９０年のタイ　125
アフリカでサファリ　１９９０年のケニアとジンバブエ　133
ベトナムでアンティーク茶碗　２０００年のベトナム　159
ルクセンブルグとウィーン　２００３年のルクセンブルグとオーストリア　171
ローマであわや　２００４年のイタリア　179
懐かしのチリとブラジル　２００４年のブラジル　187
プラハの秋　２００５年のチェコ共和国　203
ザルツブルグでサウンドオブミュージック　２００７年のオーストリア　213
迷路のベニス　２０１１年のイタリア　221
ヨーロッパ団体旅行　２０１６年のドイツ、スイス、フランス　227
おわりに　242

初めての海外旅行

1971年のアメリカ

ずいぶん昔の話になったものだが、1971年の夏。大学3年生になった私は子供のころから夢に憧れたアメリカに二ヶ月の旅行をすることができた。欧米などへはいとも簡単に出かけられる今日と違い、当時はアメリカ旅行と言えば普通ではなかなかできない大変な大ごとであったから、行きたいと思う気持ちは強くてもとうてい叶わぬ夢と思っていた。

しかし、自分の人生の中でなるほど「一念発起、何事も成せばなる」というのは本当なんだなぁと感心し、実感もしたのはこのときが最初だったような気がする。というのは、当時の実家の経済状況やアメリカ旅行の費用などを考えれば、学生時代に二ヶ月もアメリカに行って来るなどと言うのは贅沢の極みで、自分にとって夢のまた夢のはずだった。ところが、「よし、自分はアメリカに行くぞ!」と決めた途端に、友達を通じて新しいアルバイト話が飛び込んできて、元々やっていたアルバイトと合わせて一週間に7日、毎日アルバイトができることになった。加えて、ちょうどそのころ嫁に行くはずだった姉の結婚式の日程がやや遅れ、この日のためにと母が蓄えておいた資金を融通して貰えることになった。

当時アメリカへの往復航空券の値段と言えば、やはり半端な数字ではない。正確な金額は失念したが、当時アメリカや他の外国からの先生や留学生、また、日本人学生も裕福な家の子女が多く、日米を往来する人も多かったＩＣＵはひと夏に2便アメリカ行きの飛行機をチャーターしていたので、かなり安い方であった。それにしても1971年のことであり、今の金額に換算すれば20歳の若者には目が飛び出るほどの金額であった。
中学生の頃からアメリカ留学に憧れて、昔の田舎の事とて限られた機会の中で必死にテレビやラジオで英会話を学んでいた姿をずっと見ていてくれた母が、一人息子のこんな贅沢のために厳しい家計の中から出してくれたその母親の心意気には今思い起こしてみても有難くて目頭が熱くなる。それだけ、自分の将来に対する期待も大きかったのだろうが、果たしてそれに応えることはできたのか。

【空港】

1971年7月、羽田空港の出発ロビーは一緒の飛行機でアメリカに行く、母校の教授、同窓生、同級生、そして他の関係者、そして見送りの家族や友人でごった返していた。一番のお洒落な服で見送りに来てくれた母や姉は、心配顔ながら、嬉しそうかつ誇らしげな表情だった。自分はと言えば、初めての海外一人旅だというのに少しの心配も不安もなく、ただただ嬉しさで胸がはち切れそうだった。

羽田にて：見送り家族

以前から映画などで主人公が外国に旅立つ場面の格好良さに憧れたものだが、それをいま自分が演じているのだ。一度日本を離れれば日本語のまったく通じない世界である。それでも、若さというものは素晴らしい。なぜなら、そんなことこそが嬉しくて仕方がないことだったのだから。

【着陸】

飛行機は暗闇に眠る太平洋上を北に数時間飛び、給油のためのアンカレジ経由でアメリカ本土へと向かう。何度か睡魔に襲われ、気がつくと窓の外にアメリカ大陸が見えてきた。

街の様子を見ると、いろいろなペンキで塗った壁の家々、その周りの芝生や木々の緑、プールの青。これまでテレビの中でしか見たことがなかったホームドラマの様なアメリカ人の生活がいま目の前で、現実のものとして存在していることが何だかとても不思議である。

飛行機はサンフランシスコ隣接のオークランドという街の空港に着いた。窓から見下ろす滑走路になんとうさぎが跳ねているのが見える。滑走路と野ウサギ。こんなミスマッチの様な感じこそ外国だ。

【カリフォルニア】

最初の1―2泊は一緒に渡米した方の友人宅にお世話になった。ペンキ塗りの壁の家々の佇まい、低い垣根から見える芝生や植え込みの花、道路や駐車中の車、道を歩く人々、見るものすべてが珍しい。日差しは強いが湿気はそれ程でもない。しかし、夜ともなると意外に気温が低くなり、友人宅ではなんと暖炉に火を入れた。20代の若者たちの集まりである。熱っぽく語りあう話題は、「ブラック　イズ　ビューティフル」や「アフロヘア」など黒人の人権の改善運動やベトナム戦争などアメリカの政治や社会、そしてマリファナなど当時の若者の関心の的であった事柄である。初めて迎える異国の夜、アメリカの同世代の若者、暖炉の火、話題も関心も尽きることなく楽しく更けて行く。

翌日は日本からの友人と2人でバスに乗って、湾の向こうのサンフランシスコを訪ねることになった。朝食の後、勢い込んで教えられたバスに乗る。料金の支払い方法が分からず、ぐずぐずしていると、運転手が何やら言ってきた。しかし、何を言っているのかよく分からない。「アイ　ベッグ　ユア　パードン?」と言ってもう一度繰り返してもらうのだが、また、何を言っているのかが聞き取れない。それまで東京の学校でアメリカ人とも多く英語を話してきた自分なので、これはショックであった。乗客の前で珍妙なやり取りを披露してしまって、みっともないったらありゃしない。英語は結構分かると自負していたので、いきなりプライドも傷ついた。これは着いて早々先が思いやられる。

サンフランシスコではお定まりの観光コース。ケーブルカーで金門橋、チャイナタウン、フィッシャーマンズウォーフなどを回った。「アイ　レフト　マイ　ハート　イン　サンフランシスコ～♪」と唄われるこの街は、やはり聞きしに勝る美しい坂の町である。

そして三日目、いよいよ友人達と別れて一人旅の始まりだ。日本で買っておいた米国内なら約二ヶ月間はどこでも何度でも使えるグレイハウンドのバスの周遊切符を頼りにサンフランシスコの長距離バスターミナルへと向かう。シルバーボディーにしなやかなハウンド犬のマークを掲げた大型のバスが出たり入ったり、圧倒されそうな規模の建物である。なんとか見つけた自分のバスに乗ってみると、中は大きな荷物を持った旅客でごった返している。初日のバスでのこともあり、言葉の点でやや心許なさを感じつつ切符売り場へと向かう。目的地はここから3千キロ先のミシシッピー州はナッチェツという街。深南部と言われ、昔からアメリカの中でも超保守的な地域にある街だ。なぜこの街を訪ねることになったのかの経緯はこうである。

それより遡ること四年前。高校2年生だった私は修学旅行で初めて関西へ旅行した。京都、奈良、伊勢志摩への旅行であった。初めて見る古都の荘厳さや美しさにはもちろん感動したが、自分にとっての一番の関心事はと言えば、故郷ではまず出会う機会のない外国人観光客であった。中学生の頃からアメリカへの留学を夢見て英会話を独学で勉強してきた自分には、それまでの勉強の成果を測る絶好の機会である。京都の街のあちこちで見かける外国人たちに話しかけて見たくてうずうずし、有名なお寺や庭園を目の当たりにしても、気はそぞろ。早速、清水寺で映画で見るような美男美女のハネムーン風のカップルを見かけ、それこそ文字通り清水の舞台から飛び降りる気持ちで、「ハロー！　ハウ・アー・ユー？」と話しかけて見た。すると、側にいた通訳の日本人の女性が「この方たちはメキシコからのお客様なのでスペイン語なのよ」と優しく窘《たしな》められてしまった。だが、それにメゲてはいられない、何せまたとない稀有のチャンスなのだから。

次は、平安神宮の境内であったと思うが、初老の白人のグループが写真を撮り合っていたのを見て、その中の優しそうな60代後半風のおばあちゃんに早速、「ハロー！」と話しかける。急に学生服の若い学生に声を掛けられて、そのおばあちゃんも嬉しかったと見え、親切にいろいろと話の相手をしてくれた。10分くらいの会話の後にアメリカの住所を教えてくれ、アメリカに来ることが有ったらぜひ訪ねる様にと言ってくれた。その時は、まさか自分が実際にアメリカに行くなんてことは考えてもみなかったが、それを契機に月に一度くらいの文通が続いていた。今、訪ねて行こうとしているのはカーター夫人というそのおばあちゃんなのである。

【ミシシッピー州】

目的地のナッチェツというのは観光的には有名らしいがそれ程の大都市という訳でもないので、途中で何度か乗り換えがある。ルイジアナ州のバトン・ルージュという乗り換え地まで大きな街だけでもロサンゼルス、フェニックス、エルパソ、サンアントニオ、ヒューストンを通り、それぞれに広大な州を四つも横断する長い長いバスの旅である。カリフォルニア州内ではたまたま同じバスに日本から来た20代の若い人たちの10人くらいの団体が乗り込んでいた。日本を離れたという解放感や周りが日本語を解さないという一種妙な優越感もあってノリ良く思いっきり日本語で駄弁《だべ》って、

「どこから？　来たの？」

「アメリカには何しに来たの？」

「これからどこまで行くの？」

と話題も尽きず実に楽しい時間を過ごしたが、ネバダ州に入るころには彼らも降りて行き、いよいよ日本人は自分だけだ。

長距離のバスともなれば当然お金持ちは利用しないので、周りの乗客はちょっと貧しそうな年配者、子供連れの母親、一人旅の若者などが中心だ。日本で見たアメリカのホームドラマに登場する人達や、東京の学校のキャンパスで出会った先生や留学生たちとはちょっと階層が違う様子である。隣の席は10代の兵隊さんとかで、休暇で帰省中とのこと。同じ様な世代なのだが、日本では周りに兵隊の姿を見たことがなくやや戸惑ったが、当たり前ながら屈託のない普通の若者だった。

バスはアメリカの南端を国境に沿って西から東へと向かう。緑に覆われた豊かなカリフォルニアからアリゾナに入ると、段々緑が減ってきて、赤茶けた岩場が多くなってくる。それにしても、行けども、行けども遥か彼方に地平線を望みながらのバスの旅はいかにも大陸的で日本では経験できないものだ。昔に西部劇で見た大きなサボテンがあちこちに生えている。青い空を渡っていく雲がこれまた色や動きがダイナミックで、これも日本の雲とは質が違う様だ。

やがて、ニューメキシコ州に入る頃からか、また緑がチラホラと目に入り始め、テキサスでは草原風の景色が眼前に展開した。食事の時間になるとドライブインで食事と休憩なのだが、休憩後にバスに戻る時に乗り込むバスを間違えない様に大いに気を遣った。トイレはバスの内部に据え付けられている。ドライブインでもトイレは借りられるが、ドアが短めで使用者の足が丸見えなのに慣れない自分には、密閉されてプライバシーが保てるバスのほうが臭いの問題はあるにしても使いやすい。

広いテキサス州を越えるとルイジアナ州。ここまで来ると、アメリカの内部に入り込んだという実感がある。ちょっと前に見たジョン・ボイト主演のアメリカ映画「真夜中のカウボーイ」の中でテキサス出身のお調子者の主人公がバスでニューヨークまで旅をする場面があったが、それと同じことをしている自分もなんだか映画の主人公にでもなった気分で、バンジョーの主題歌を頭に浮かべながらのまったく疲れも恐れもない快適な旅。

今度はお母さんに連れられた10歳くらいの黒人の女の子が隣に座ってきて、珍しそうにしきりにこちらを見るので、

「日本から来たんだよ」というと、

「じゃ、クラティーをやるの?」という。

「クラティーって何?」と聞くと、

「クラティーよ。ク・ラ・ティー!」という。

よく説明を聞いて見ると「空手」のことらしい。日本人なら空手をやっているんではないかとの質問だった。大笑い。「空手はやってないけど、少林寺拳法という似たものをやっている」と答えると興味津々で大喜びだった。


ルイジアナ州に入ってからは、徐々に湿度が高くなって来たのを感じる。周囲の植物も乾燥地域の低木から大きな緑の木々やそれに絡みついて垂れ下がる白っぽいコケのような植物が目に付くようになる。そして、やっと、乗り換えの地バトン・ルージュに着いた。運転手によく頼んでおいたので、「ここで乗り換えだよ」と親切に教えてくれた。この地名はフランス語で「赤い口紅」という意味ではないかと思う。どんないわれか知らないが、もし本当にそういう意味なら、ずいぶんと色っぽい名前である。

ここで、乗り換えて北へ向かうことになる。アメリカの深南部の人種偏見の話は以前からずいぶんと聞いていたし、映画「イージーライダー」の主人公がヒッピーの出で立ちをしてバイクで走行中に、単に気に入らないという理由で地元の人に狙撃されて殺されるのが深南部だったことなどを思い出し、東洋人である自分を意識してちょっと武者震い。バスは有名な大河ミシシッピー川に沿って北上。さすがに、大きい川である。反対側がはるか遠い。湿度が高く、蒸し暑い感じは日本の夏に似ていてバスのエアコンが嬉しい。道路の周囲は色取りどりの花が咲き乱れ、期待とちょっとした不安のうちに、いよいよナッチェツに到着。

この街は典型的なアメリカ南部の街である。映画「風と共に去りぬ」に出てくる綿のプランテーション所有者の豪勢なマンション（本来の「豪邸」の意味）があちこちに点在し、現在は観光スポットになって公開されている。街路の両側には木蓮の大きな白い花が咲き、道路を上から覆う大きな木からはモスと呼ばれる寄生植物が垂れ下がり、濃い緑のネットをあちこちに被せた様である。聞けば、この地方に特有の植物らしい。一種独特の風情がとても良い風景を醸し出している。映画の様な、長いドレスにつばの広い帽子を被った女性が急に出てきても不自然ではない感じさえする。

プランテーションオーナーのマンション

さて、感心ばかりもしていられない。バスターミナルから早速カーター夫人に電話する。「オー、グッド。グレート」と言ってすごく喜んでくれ、すぐに迎えに行くと言ってくれた。「本当に、ついにここまで来ちゃったよ」と一人で感慨に耽《ふけ》る。いざこんなはるか遠い所まで来て見ると、現地の顔見知りが居てくれて自分の来訪を喜んでくれるという事実はすごく心強くて嬉しい。

バスターミナルの外の道端で待っていると、しばらくしてアメリカらしい大きな車で数年前の京都以来の懐かしいカーター夫人が迎えに来てくれた。豊かな明るいブラウンの髪を大きく後ろでまとめ、めがねをしたインテリ風の顔、センスのいい明るい色のワンピース姿で迎えてくれるニコニコと優しい笑顔は以前と変わらない。挨拶の後、早速車に乗り込んで夫人の家へと向かう。途中で見かける家々は、ゆったりと余裕のある大きさで、周りは芝生、所々に植え込みがあっていろいろな色彩の花を咲かせている。垣根や囲いのない家が多く、それだけ開放感があって落ち着いた佇まいである。

しかし、その途中で通った区域は明らかに他と違う雰囲気で、家々の様子も貧しく、ペンキが剥がれていたり、壁が壊れていたりのバラック風のものが多い。庭の中ほどには洗濯物が風に揺れて、生活感を漂わせている。付近を行き交う人々や道端で遊ぶ子供たちはほとんどが黒人で、ここは黒人の住民の住む区域らしい。いきなり、この地域の人種問題を見せつけられた様で、アジアから来た自分の立場を急に意識させられて、またまた複雑な思いである。

やがて、車は芝生にいろいろな花が咲き乱れる植え込みに囲まれた小奇麗な家の前で止まる。カーター夫人の家である。数年間文通をして聞き覚えのある住所にこうして本当に家があり、文通相手のカーター夫人が住んでいるという事実が当たり前のはずなのに一種夢の様な不思議さを感じた。日本の家と比べればやはりかなり余裕のある大きな家で、レンガ色の壁に白い縁取りの窓。濃い灰色の屋根から庇が突き出して、窓の外にちょっとしたバルコニーを作っている。その庇も白塗りの円柱で支えられて、全体的に調和の取れた落ち着いたセンスの良い家である。屋根からこれも白塗りの四角い煙突が飛び出しているのも、いいアクセントになっていて感じがいい。促されて中に入ると、「長旅で疲れたでしょう。お風呂に入って少し昼寝をしたらどう?」と勧められて、早速長旅の垢を落とす。さすがに疲れていると見え、与えられた寝室でたちまちぐっすり寝てしまった。

翌日、朝食を取っていると、「ハル、日本からのお客様はとても珍しいので、新聞社に連絡しておいたの。これから記者がインタビューに来たいっていうんだけど、構わない?」とカーター夫人。ちょっと驚いたが、これも日米親善と思い、「ええ、いいですよ」と自分。カーター夫人は早速記者に連絡をし、1－2時間ほどの内に30代くらいの白人女性の記者がやってきた。天気のいい日だったので、芝生の上にテーブルと椅子をセットして、紅茶を飲みながらのインタビュー。

「アメリカについてどう思う？」

「日本人は竹と紙でできた家に住んでいるっていうのは本当？」

「着物はとっても綺麗だけれど、生活しにくそうね」などなど、

日本に関する無邪気な質問やアメリカの印象などに関する質問が矢継ぎ早に飛んでくる。日本の事についてては本当に情報がなくほとんど知らないようなので、一つ一つに真面目に答えたつもりなのだが、翌日の新聞を見て驚いた。何と、端っこではあるが、堂々と一面にニクソン大統領の大きな写真と記事の隣に自分の写真とインタビューの記事が出ている。それ程言葉に不自由なく答えたつもりなのに記事によると、「この若い日本からのお客さまの英語はちょっと分かりにくいが、そのきらきらと輝く瞳がそのギャップを埋めるに十分である……」と書いてある。これにはちょっとプライドが傷ついた。インタビューの中で、

「南部に来て何か感想は？」と聞かれ、瀟洒《しょうしゃ》なマンションやモスに覆われた木々が美しいという印象を伝えたのは良かったが、無神経にも

「この辺りは英語にアクセントがあるのが面白いです」

などと答えたものだから、ちょっとリベンジされたのか、

「アクセントって例えばどんな？」と彼女。

「髪を普通は『ヘアー』というけど、ここでは『ハイアー』っていうでしょう？　椅子は『チャイアー』というし」などと答えたのである。すると、その記者は、

「でも、その『ハイアー』と『ハイアー』、『チャイアー』と『チャイアー』でどう違うの？」と逆に聞かれ、そうか地元の人はそもそもこの二つは区別せずに聞いているんだな、訛りとはそういうものなんだと納得したのである。今思えば、ずいぶん失礼な返答をしたものだと顔が赤くなる思いがする。

その記事では日本が東京国の首都だとか、日本人は竹と紙の壁の家に住んでいるとか、まともに答えたはずにしては冷や汗が出そうな部分がかなりあって、何だか祖国の名誉に責任を感じて居心地が悪い。それでも、地元の有力紙の一面に出たものだから、買い物や観光に行くと、通り掛かりの人が新聞を見たと言って「ウェルカム　ツー　ミシシッピー」などと挨拶をしてくれたり、握手を求めて来たりするので、ちょっとした有名人気分。

カーター夫人のご主人は元軍人でかなり前に亡くなられており、夫人は未亡人となって

今はこの家に一人で住んでおり、そのため頻繁にお孫さんを連れた娘さんが訪ねて来ており、この日も9歳くらいの金髪が美しい女の子のお孫さんが遊びに来た。私を見て目をぱちくりし、「ハロー」と話しかけると顔を赤くして恥ずかしがった。子供の無邪気さは世界共通で日本の女の子と変わらない。

ミシシッピー州は、南北戦争の時は北のヤンキー軍を敵にして戦った南部の中心だったらしく、土産店や公共の建物などには星条旗と並んで必ず赤地に南軍参加11州を意味する11個の白星をX形の青の筋の中に配置した南軍の旗が掲げてあった。物珍しさにこの旗の小さいものを土産に買った。午後は、市内のあちこちにある旧プランテーションオーナーのマンションを訪ねる。白亜の殿堂は金持ちの憧れと見えて、ほとんどは玄関先に大きなポーチを設け、上に大きく張り出した屋根や階上を白い円柱が支えるギリシャのパルテノン神殿のようなスタイルである。内部は博物館になっていて、18―19世紀のヨーロッパで流行った華麗なスタイルで居間、寝室、書斎などを飾り立てている様子が見学できる。

翌日はカーター夫人の友人の骨董商のお店を訪ねた。所狭しと置かれた西洋骨董に交じって少々中国や日本のものもあった。骨董屋だけあって東洋文化には興味があると見えて、すごく歓迎してくれたが、日本人なら漢字が書けるだろうと、白い紙と筆を出してこれに何かを書いてくれという。とりあえず自分の名前を書き、簡単な文を添えた。「すごい！　これはうちの宝にしよう！」と、ご主人はとても喜んでくれたが、達筆とは程遠い悪筆なので、「アメリカ人ならいいけど、日本人や中国人には絶対に見せないで下さいね」と冷や汗を感じながら約束してもらった。

夫人やご主人の英語は南部特有のゆっくりした話し方で、何かをいうと「オー、マイゴッド！」を連発するのもどこか優雅で耳にさわりがいい。

そんなこんなで一週間は瞬く間に過ぎた。そして、またバスの旅が始まる。数年前に京都で偶然出会い、ちょっと話しただけの若者にこんなに親切にしてもらい、一生忘れない思い出を作ってくれたカーター夫人に目一杯の感謝とお別れの挨拶と抱擁。初めての海外、初めてのアメリカなのに違和感が全然なく、しっくりと馴染める自分にやや驚きを感じる。不思議でもあり、これがアメリカという国の懐の深さなのかと感心したりもする。日本にいる外国人たちはどんな印象を日本に関して持っているのだろうか。強烈、独特の文化を持った単一民族の国・日本は、さて懐が深いのだろうか。

【オハイオ州】

さて、ここからは北部のオハイオ州を目指す。南の端から北の端まで中西部と言われる地域を縦断する格好だ。南北にはやや短い国なので、カリフォルニアからミシシッピーまでの距離の半分以下か。バーボンウィスキーが有名なケンタッキー州を抜けると目指すオハイオ州である。オハイオ州には中学生の時からずっと文通をしている同年代の女の子が住んでいて、この子を訪ねようという訳である。

話は中学生になって英語を勉強し始めた頃に遡る。当時、中学生向けの月刊誌で流行っていた文通欄でアメリカ人の中学生が日本人の中学生と文通を希望しているという投稿が目に入った。

１９６０年代の当時は、テレビなどでアメリカのホームドラマや青春コメディー、刑事ドラマなどが花咲く時代だった。ドラマで見る大きな家、モダンなソファーや家具、格好良い車などは貧しい日本から見るととても華やかで魅力的だった。アメリカという国に大いに憧れを抱いていた私はこれに非常に興味を感じて、英語の先生の助けを得ながら何とか手紙を書いてみた。

船便利用の時代だったので時間が掛かったが、2ヶ月ほど経った頃にアメリカの切手が貼ってある国際郵便が届いた。送り主はメリベスさんというらしい。夢見る心地で封を切ると、女の子らしい綺麗な模様入りの便箋に、丁寧な手書きの英文で2ページほどある。しかし、当時の自分の英語力では辞書を使っても太刀打ちできず、翌日学校で英語の先生に助けてもらいながら読んだ。便箋から華やかなアメリカの文化が匂って来るようで嬉しかった。それ以来、大学3年生になるまで約7年間文通を続けた。これだけ長く文通を続けているとお互いに気が通じて、ほんのりではあるが一種の擬似恋愛的感情を抱くのも確かであった。

そんな訳で実際に会う彼女はどんな娘だろう、家族はどんなだろうと想像しながらワクワク、ドキドキの旅であった。彼女が住む町はオハイオ州の東北部の端でニューライムという小さな町であった。州都クリーブランドでバスを乗り換え、アシュタビュラという名の街まで彼女が迎えに来てくれる算段になっていた。

待合室のベンチで待っていると、しばらくして入り口のドアが開き、小柄で小太りの若い女性が入ってきた。茶色の髪にめがね、ちょっととがった鼻、いかにも、快活、活発な感じの馴染みのある顔である。紛れもない青春の文通相手、メリベスさんである。相手も文通中に送っておいた写真のせいかすぐこちらに気づき、まっすぐ歩み寄ってくる。

「ハロー」、

「オー、ハロー」と挨拶の後いきなり頬と頬を合わせてのキス。慣れない仕草につい体が強張ってどこかぎこちないキスである。文通では、すごく大人しい、やさしい印象だったが、実際会ってみると、物怖じしない活発な21歳のアメリカの女の子である。早速、彼女の車へと案内される。

彼女の家までのドライブ。アメリカに来て驚くのは車のスピードである。メーターが70を指している。時速70キロにしてはずいぶん速いなと思っていると実は70マイルなのだから実際は110キロ近い。他に車もいないし、道も広めだ。大陸に住むドライバーの心理は狭い島国とは違って荒っぽい。アメリカでも有数の穀倉地帯の道を彼女の車はぶっ飛ばして走る。

それにしても、道中で目につくのは道路上のそこここに転がる野生動物の死骸で、明らかに車に轢かれたものである。これはさすがに日本では田舎でもそうは目にしない光景である。イタチのような小動物、鳥、ちょっと大きめの鹿のような動物がほとんど原型を留めない哀れな姿を晒している。こんな風景に慣れない自分は、目のやり場に困ってしまう。野生の動物が多いということなのか、車のスピードが速過ぎるのか、これだけ動物愛護を叫び、捕鯨に関してもあれ程声高に日本やノルウェーを非難するアメリカ人なのに。ちょっと腑に落ちないものを感じる。

小一時間も走っただろうか、車は「ニューライム」という村に入った。数年間の彼女との文通で慣れ親しんだ地名だ。手紙の中だけにしか存在して居なかった彼女にこうして会い、封筒の上だけにしか存在しなかったこの村の名前や住所がまた現実になった。本当に魔法のような感覚で、数日前に初めてアメリカ大陸を見たときに覚えた「地理は正しかった」という無邪気な感動、感覚をここで再び感じる。

農地を抜けると家が点在する区域に入った。道をちょっと外れるとそこに一軒家がありそこが彼女の家である。白塗りの木の壁に薄茶色の窓、大きな応接間の部分は薄茶のレンガ造り、横には濃茶のレンガの煙突がニョキッと突き出ている。本当にアメリカの家は大きくて羨ましい。屋根から天井裏のような三角形の小さな屋根と窓が突き出ているのも映画で見たアメリカの家の通りである。家の前方ははるかずっと小麦の畑や森が地平線まで続いている。

彼女の家族は50代のお父さん、お母さん、おばあちゃん、そして彼女の4人、それに加えて白に黒い斑の入った大きな犬である。やはり、長旅の後ということでまずは休憩。すでに独立して家を出たお兄さんの部屋を使わせて頂いて、すぐ昼寝。先週と違ってここは北部。すぐ隣は南北戦争では北部のヤンキーとしてミシシッピー州など南部を敵に戦った歴史のあるペンシルバニア州である。

ぐっすり寝込んで目覚めると翌朝であった。早速、家族に囲まれて朝食。日本の私の家族や学校のこと、そして今回これまで訪ねてきたカリフォルニアやミシシッピーのことなど皆興味津々に聞いてくれる。なにせ、彼らもカリフォルニアやミシシッピーなど行ったことがないのだから、こちらのほうがアメリカをよく知っていることになってしまう。

この家族は女3人に男はお父さんのみで、一種の女系家族らしい。180センチ近くはあるでっぷりと恰幅が良いのにもかかわらず、お父さんは食事中の会話などでも何かにつけてお母さんや娘にやり込められて分が悪い。気のいい真面目な農夫と言った感じのお父さんであるがちょっとかわいそう。日本から持ってきた白地に青い花柄の浴衣を彼女にプレゼントすると、早速着て見て、「ビューティフル！」と大喜びをしてくれた。黄色の帯もインスタントなので結ぶ必要がなく、気にいってくれたようだ。Tシャツに短いホットパンツ姿で、典型的な活発で気の強い女の子風の彼女が浴衣を着るとしとやかな女性に見えるから不思議だ。

翌日は彼女の通うオハイオ州立大学のキャンパスに行って講義の一部を聴講し、先生や級友たちに紹介された。前部が低い劇場型の教室の後ろの席で遠慮しつつも興味津々で講義の様子を窺っていたが、日本人は珍しいとあっていろいろな質問を浴び、何だか日本を代表する外交官にでもなった気持ちだ。ここ中西部の若いアメリカ人には日本は遠く関心も少ない極東の未知の国である。高校生の頃から憧れたアメリカ留学の夢が一日だけ叶った格好だが、これでも叶ったことに違いはない。改めて母親に感謝。オハイオ州立大学と言えば、ベトナム戦争反対で荒れる学生運動に州兵が動員されて数人の学生が殺された大学である。

次の日は、彼女のボーイフレンドと一緒に映画を見に行った。カップルともなれば人前にもかかわらず臆面も遠慮もなくキスやハグを連発するのは、アメリカ人には当たり前のことは十分承知していたが、日頃こういう仕草に慣れないものには、目のやり場、身の置き場に困ってしまう。7年近くの文通で優しい言葉をくれていた人が目の前で遠慮なく濃厚なキスをするのを見せつけられるとまるで嫌味でそうしているのかと錯覚までしてしまう。

そうこうしている内に一週間は瞬く間に過ぎ、またまたお別れの時が来た。一週間前にミシシッピーから着いたアシュタビラまで送ってもらい、お礼とお別れのハグとキスを最後に彼女は帰路に就いた。長年文通をした相手であり、次の機会はなかろうかと思われるので名残は尽きなかったが、恋人の存在をしっかりと見せ付けられ、また文通とは違った現実の彼女本人に会ったのを最後に結局彼女との文通はその後のお礼ほどで終わった。

さあ、旅は続く。今度は州都クリーブランド行きのバスに乗り、そこからはいよいよ東北部の古都ボストンを目指す。ボストンでは大学の1年生の時の英語の授業でお世話になったアリフェリス先生ご夫婦を訪ねることになっている。先生と言っても自分より4—5年年長なだけの若い先生なのだが。

【マサチューセッツ州】

このご夫婦はまだ20代後半の若いカップルで、ギリシャ系の濃い色の髪に顎鬚の大らかな人柄のご主人とアイルランド系でブラウンの髪に白い小さい顔につんとした鼻がかわいい真面目で学生たちの間でも人気の高い奥様である。この夫婦には単に先生、学生という間柄以上のご縁があり、アメリカで一週間もお世話になることになった。

ご主人は趣味の分野で少林寺拳法に興味を持ち、一時自分もその同好会に入っている関係で一緒に練習をしたり、合宿で千葉の外房に行ったりしたことがあった。一方、奥様の方は茶の湯に興味を持たれていた。たまたま近所の茶の湯の先生の下でお稽古を続けていた私は早速先生に奥様を紹介して一緒に稽古に行き、稽古中に通訳などをして差し上げたりしていたのである。白く小さいキュートな顔に和服姿がよく似合い、お茶の席でも人気があった。そんなことへの返礼の気持ちもあってだと思うが、今度の旅行では一週間も滞在をさせて頂くことになっていた。

ここボストンでは同じ飛行機でアメリカまでやって来た同級生のゆり子さんと合流することになっていた。彼女とも少林寺拳法の同好会や茶の湯で一緒だったりといろいろご縁があった。この旅行でも似たような縁でアリフェリス先生夫婦にお世話になることになったのだと思う。同じ飛行機でアメリカに来てからほぼ1ヶ月。お互いにまったく別のルートで別の旅をしてきた訳で、それぞれのアメリカ体験談にさぞかし花が咲こうかと楽しみなことこの上ない。

こうして無事にボストンに着き、久し振りにアリフェリス夫妻にもお会いして互いの無事を確かめ、再会を喜び合った。日本にいると先生はどうしても「外人」ということで目立ってしまい、またそのように周りの人からも特別に扱われ、常に「外人」を意識せずにはいられない環境だったのだと思うが、ここアメリカでは当然先生たちも「只の人」である。街の人ともごく自然に振舞う「一般人」である先生の姿を見ると、先生も普通の人だったのだと当たり前のことを再確認して妙な感心をしてしまう。

先生のお宅は市内のアパートであった。一両日はこの古い街の市内で歴史的な観光スポットを回って過ごした。古い英国の雰囲気を醸し出す佇まいの街並みとかという触れ込みだが、なにせ英国に行ったことがないので感心する術がない。とは言っても、古い建造物やモニュメントなどが自然に溶け込んでいるこの街は確かに歴史に裏打ちされた落ち着きというか貫禄のようなものを感じさせるのは確かである。ハーバードやＭＩＴなど有名な大学があって学生や研究者が多いのも理知的な雰囲気を醸し出している一因になっているのだろう。なにせ歴史が新しい国なので、どんなものでもちょっとでも古いものをとても大切にするアメリカ人の気持ちは分かる。奈良の法隆寺の五重塔が千年以上も前に建造された世界で一番古い木造建築だなどというのはアメリカ人にしてみれば気が遠くなるような話であろう。ましてや、地震多発国においてである。

そうこうしている間に、前述のゆり子さんがボストンの空港に到着し、皆で迎えに行って久々の再会。学校で見慣れた彼女の姿を見るとこちらも自然に頬が緩む。さて、彼女はこの1ヶ月間にどんな経験をしてきたのだろう。20歳の綺麗な女の子の一人旅である、さぞいろいろな土産話があるに違いない。空港で彼女と再会し、早速アリフェリス先生の車に乗り込み、アパートまで行く途中のことである。道が混雑してフラスト気味なのに、少し先を走る車が危なっかしくスイスイと平気で車線を越えてこちらの車の前へ入り込んだりするものだから、イライラした先生が「同じ車線をキープしろ、このアホ！」と叫ぶ。最後の部分が日本語だったので、皆で大笑い。

その晩はやはり彼女と積もりに積もったアメリカ体験談でついに寝る間もなく夜を明かしてしまった。

数日後、先生が友人から借りた別荘が同じ州内部のスプリングフィールドという町の近くの湖の湖畔にあるというので、そこまでドライブ。この街はこぢんまりとした落ち着いた街で、全体に北方の町らしく清潔感があり、道、公園、家の庭など花が咲き乱れてとても綺麗である。富士五湖の河口湖ほどの大きさの湖の辺に面し、林に囲まれたその木造の別荘は一介の貧乏学生の目にはいかにも豊かなアメリカを象徴するような立派な佇まいでそこに建っていた。広々としたリビングは湖に面した側が大きなガラス張りで、目一杯日が入って明るく、高めの天井からはシンプルな灯りがシャンデリアふうに垂れ下がり、一方の壁にはレンガの暖炉、真ん中には大きな布張りのソファーとテーブル。落ち着いた色の木製の本棚、ステレオコンポと品良く調度品が並んでいかにも寛ぎやすい感じ。ベッドルームが3部屋。トイレも2つ。裏の出口からは湖の中数メートル程まで板が渡してあり、そこから水の中にジャンプできるようになっている。まさに、映画で見るアメリカの別荘のままで、70年代初頭の日本で暮らす自分には夢のような環境であった。やはり、アメリカは豊かだ！

翌日、街で映画を観ようということになり、先生ご夫妻、ゆり子さんと自分の4人で市中をブラつく。と、いつの間にか自分たちの後ろから7―8歳くらいの子供がついて来る。「ハイ！」と挨拶をすると恥ずかしそうに「ハイ！」と答えながら、ちょっと後ずさりする。見ると周りの子供たちもこちらを物珍しそうに見ている。そうか、我々のようなアジア人は見たことがなく珍しいのだ。かわいいなと思う反面、今どんな感覚で自分たちを見ているのだろうと気になりもする。嬉しいような、困るような、またそれが続くとちょっと鬱陶しいような。日本の田舎で外人を見かける子供が物珍しそうに後を追ったり、「外人！」と指をさしたり、からかって「ハロー！」と声を掛けたりするのを何度も経験したが、この逆転現象には驚き、戸惑ったが、日本で珍しいものとして扱われる「外人」の心理はこんなものなんだろうかと改めて分かった気がする。映画はダスティン・ホフマン主演の日本では未公開の映画だったが、何せ字幕なしなのでかなりの部分は理解できない。時々起こる観客の笑いにちょっとシラけて、ジョークが分からない彼女と二人で「チクショウ、こいつら皆イテコマシタロカ！」と訳の分からない関西弁で憂さ晴らし。

次の日はタングルウッドという場所にある野外コンサート場でジョーン・バエズのコンサートがあるので行こうということになった。ジョーン・バエズと言えば、「ドンナドンナ」などが世界的に大ヒットしてフォークソングの神様とも言われた世界的なシンガーである。当時の若者のご多分にもれず、ギターを抱えてフォークを歌うのが大好きであった自分にとっても、本物を見て生の歌を聞けるのは最高の幸せだ。道すがら話題が音楽の話になったが、ここボストンでは地元のボストンシンフォニーの指揮者が日本の小澤征爾で大変評判がよく、有名になっているので何だか誇らしくて嬉しい。自分とは直接には関係がないが、外国にいると国籍が同じだというだけで連帯感を感じるものだ。一度外国に来て見れば、自分が自分をどう思おうと周りは自分を間違いなく日本人として見るし、日本人して扱う。ごく当たり前のことだが、これを認識しておくことはとても大切であるということを、それからの海外生活や旅行、外国人との付き合いの中で大いに感じた。なぜなら、たとえ無国籍的な態度や生活を日常にしていても、日本人である以上は心の底で日本人としてのアイデンティティーをしっかりと持ち、ある程度自国の歴史や文化を学んだ上で外国の人と付き合わないと決して「格好」良くないし、尊敬もされないからである。

話が逸れたが、それほど混まない舞台の前の芝生にパラパラッとピクニックのような気分で座ったり、横になったりしてジョーン・バエズの歌を聴くのは実にノンビリして、心地よく、透き通った彼女の声が耳から沁み込むようであった。コンサートが終わると、アリフェリス先生が「せっかく日本から来ているのだから、そう彼女に言ってサインをもらったらいいよ」と盛んに勧める。欲しいのはヤマヤマであるがやはり恥ずかしい。ぐずぐずしていると、先生が「行っておいでよ」と体を押す。押されてその気になり、特に紙の用意もしていなかったので、先生の手帳を一ページ破り、それと鉛筆を持って、ステージの下でファンと話している彼女のところまで行き、思い切って、

「日本から来ました。あなたの歌が大好きで、ファンです。サインをお願いします」といったら、

「あら、本当？　日本は大好きよ」と笑顔で言って、気安くサインをしてくれた。「Love, Joan Baez」と鉛筆で書いてあるその紙片はいまでも私の大切な宝物である。

ジョーン・バエズのサイン

湖での水泳、水辺の日光浴、街での買い物とのんびり過ごすうちに一週間は瞬く間に過ぎ、またまた、出発の日。今度は頼れる知人はいないが、ニューヨークと首都ワシントンを目指す。友人はいなくてもアメリカに来た以上これらの街をスキップする訳には行かない。先生ご夫妻もボストンに帰られるので全員でボストンに行き、自分はそこからまたまた今ではすっかり馴染みになったグレイハウンドでのバスの旅だ。

【ニューヨーク＆ワシントン】

ニューヨークへは早朝に到着。ボストンを出発するバスで一人の日本人の旅行者に出会って、思わずニューヨークとワシントンへの道連れができた。この人は大阪堺市の30歳の人で、仕事に失望して心機一転を図るために一人旅をしているとのことであった。バスの中では仕事の遣り甲斐や大変さ、人間関係の難しさなど社会に出てからの経験談をいろいろと聞いて、これから自分にもやってくるはずの未来の事々に思いを巡らし、感心するやら不安を感じるやら、そこに期待も入り交じって複雑な思いだった。自分はどんな会社でどんな仕事に就き、どんな人と巡り合うのだろうか。そして、どんな生活を送るのだろうか。やはり、アメリカやヨーロッパ、アジアなどを駆け巡って外国の人たちと堂々と渡り合って大活躍できる仕事をしたい。神様、よろしく！

そしてニューヨーク。やはり大都会である。バスがマンハッタンに近づくとイースト川の向こう側の前方横一面に巨大な摩天楼のビル群が立ち並び、圧倒される。「摩天楼」は詩的で素敵な訳だと思うが、英語では「Sky Scraper」であり、これは空を擦るものという意味なので原語の方はそれ程ロマンチックではない。ニューヨークと聞いて真っ先に思い出すのは、やはり映画『ウェストサイド物語』である。この映画はその素晴らしい歌、迫力あるダンス、ロミオとジュリエットの悲劇を現在に置き換えたしっかりしたストーリー仕立てと三拍子揃った素晴らしい名作で、自分が最も感動した大好きな映画である。バスが近づくにつれ、自然にウェストサイド物語の中のお気に入りの歌が口から出てくる。マンハッタンは巨大な一つの岩盤上に乗っているのだという。だから、地震はないのだそうだ。地震の揺れを日常茶飯事に感じて生活している日本人には羨ましい限り。それにしてもこれだけの数の高層ビルとなるとその上に乗っかったコンクリートの量や重さはいかばかりかと考えてもみるが、想像をはるかに超える。ついでに、考えが妙な方向に向かい、これだけの人口が住み、働き、通っているのを支える水や食料はどれだけ必要、また下世話ながらどれほどの排泄物が処理されているのだろうなどと考えてしまう。もっとも、これは何もニューヨークに限ったことではなく、東京だって大阪だって同じことなのだが、これだけの大きなビル群を一望にして見ることができるマンハッタンならではの感想であるのも確かである。

到着が早朝なのでセントラルパークで休むことにした。大都会の真ん中に浮かぶ巨大なオアシス。こんな街中の公園であるのに、リスが多い（実はそれから約三十年後の夏にここを訪れ、今度は蛍がいるのに再度びっくりしたのだが）。アメリカでは街中の小さな公園でもリスを見かける。目の前をちょろちょろと動き回っては花火のような尻尾を立てて周りの気配を注意深げに窺う様子は、ちょっとの休憩には格好の目の保養である。周りの高層ビルや道路には人の動きが慌ただしくなり、夏の一日が今始まろうとしている。あらゆるタイプの人種が世界中から集まり、世界の政治をリードし、新しい芸術、文化、ライフスタイルを発信し続けるメガロポリス。もともと髪の色、目の色、皮膚の色などが多様なせいか女性の髪形、男性の髭、服装など実にバラエティーに富んでいて、道行く人を見ているだけでも飽きない。北欧系、南欧系、ヒスパニック系、アジア系、アフリカ系とさまざまな人が街を忙しく歩く中、アジア系が小柄で地味に見え、どことなく遠慮しながら歩いているようで何だか一番冴えないように見えた。これは紛れもないアジア系である自分にとっては嬉しくない印象である。それにしても、このダイナミックなエネルギーに満ちたこの街でいつか生活をしてみたいものだ。

ニューヨークでは宿泊料金の安い若者向けのYMCAで3泊した。70年代初頭のニューヨークといえば、いわゆる、ポルノの解禁、性の解放、ヒッピー、マリファナなどが若者文化を席巻した街である。自分とて当時20歳の若者、この分野での好奇心は他に引けを取るものはない。日本ではアメリカやヨーロッパに影響されてか、テレビやラジオの深夜放送や一部の文化人や芸術家、そして圧倒的な数の若者がさかんにポルノ解禁を主張するも、当局は一向に動かない状況である。せっかく、ニューヨークにいるのであるからこれを見ずに帰国するのはなんとも惜しいし、友人たちに自慢するネタも逸してしまう。

ミッドタウンはブロードウェーの近くであったろうか、小さい映画館で「XXX」のマークがついた映画を上映している。これは成人映画の指定マークであって、確かニューヨークでは21歳以上でないと見られないはずであった。まだ20歳の自分は入り口で拒否されるのではないか。でも、ここでチャンスを逃せば次はいつか分からない。「エーイ、行け！」という自分と、「追い出されると恥ずかしいからやっぱり止めておけ」という自分が鬩《せめ》ぎあう。体も、入り口に近づいたり、また、ちょっと離れたりと心情を映してブランコのようだ。「エーイ、ままよ！」とやはり誘惑には敵わない。入ってみた。すると、年齢を聞かれもせずに、意外に簡単に入れた。狭いロビーから厚手のカーテンをくぐって、暗い中に入り、すぐ近くの後方の席に手探りで座る。前のスクリーンには画面いっぱいに女性があらわな格好で局部を大写しにして、喘ぎ声を上げている。初めて見るポルノや大写しの女体はかなり衝撃的で、場内の暗さが有難い。画面そのものの内容ももちろん面白く、興奮もしたが、

「自分は今ポルノを見ているんだ」、

「日本の友人たちにはできないことをしているんだ」、という妙な優越感が心地良かったのを覚えている。

ところが、その内、隣の中年の男性が妙に体を寄せてくる。暗がりなので、顔はよく見えないが、髪が長く髭ももじゃもじゃである。こちらは画面に夢中になっていることもあり、またどう対処するかも分からないでいると、「スペイン人？」と小声で囁きかけてくる。暗いとは言え、どこをどうみても東アジア系の扁平な顔の自分を見てスペイン人かと

思うのかと不思議であったが、自分の太ももにその人の手が伸びてくるに及んで、一挙に怖気が来て、あたふたと逃げ出してしまった。初めてのポルノ鑑賞を邪魔された悔しさもあったが、現実に自分が痴漢に襲われたという事態に肝を冷やしてしまった。こんな事ももちろんアメリカならでは。

ポルノ気分のついでに、妖しい劇場や映画館、ポルノショップなどが並ぶことで悪名高い42番街に行って見る。昼間から派手なネオンや看板がケバケバしい通りで、同じ街でもちょっと角を曲がっただけで、がらりと雰囲気が一変するこの面白さはニューヨークの魅力である。歩道の頭上に張り出すネオンや看板の下にカウボーイ姿の若い男性が数人立っている。通行人に怪しい視線を投げているこの風景はまさに「真夜中のカウボーイ」のシーンそのものである。こういう現象は現実が先か、映画が先なのかは分からないが、映画の場面を現実に目の当たりにしている感じで、一種不思議な楽しさを感じたものである。

ニューヨークの5番街といえば言わずと知れた目抜き通り。南に下って、子供時代に聞いたアメリカンポップスに歌われたワシントン広場に行くと、これも実にアメリカの大都市の公園らしく大道芸人が数多くいて、楽器、マジック、パントマイムなど出し物も個性的である。この公園のゲートが5番街の起点になっていて、この辺りでは幅も狭く、アパートが並んでいかにも住宅地の雰囲気。ミッドタウンほどの高級商業地区の雰囲気はなく、落ち着いた佇まいである。5番街を北に向かって歩き続ける。いかにも下町を思わせる日用品、靴、雑貨を売るディスカウントショップのような店が続く。

さらに歩き続けると、やがてアメリカやヨーロッパの有名ブランド品の店が並ぶロックフェラーセンター近くになる。70年代の初頭とて、日本の商品やブランド名がニューヨークのショーウィンドウや看板を席巻する一時代前である。

印象的なのは何か土産物を買おうと店に入り、小さな自由の女神像など安い土産物を手にすると、悉《ことごと》く「メードインジャパン」と書いてあったことだ。折角だからアメリカ製が欲しいと思っても見当たらない。日本製が高級品となった今日から考えると実に隔世の感があり、我々の親や先輩、そして自分と同世代たちの頑張り、努力、献身に改めて頭が下がる思いである。そして、ついにセントラルパーク南端のプラザホテルに到着。

そんなある日の午後にボストンで一緒に過ごしたゆり子さんがニューヨークに来たので、また合流。飛行機でボストンから来たとのこと。貧乏旅行の自分には叶わない事だがニューヨークでの体験やボストンの思い出話などで話がまた盛り上がった。当時は将来の事などもちろん分かりようもないが、彼女は母校の大学院を卒業し、後にニューヨークのコロンビア大学の大学院博士課程で学んで、アメリカ人の男性と結婚し、今もニューヨークに住んで、ノンフィクション分野で本を出版したり、日本の雑誌に記事を書いたりと、作家、ジャーナリストとして活躍している。彼女の作品には、『盗まれたフェルメール』、『パルテノン・スキャンダル』などが有り、この分野で高評価を受けている。

さて、ニューヨークの後は首都ワシントン。ここまでくるとこの旅行もいよいよ後半に入る。アメリカの雰囲気も言葉にも大分慣れてきた。初めての体験だというのにこれまでなんら違和感がなく、周囲に自然に溶け込めてこの稀有な青春の海外体験を大いに満喫している自分がちょっと不思議であった。改めて、家族や友人たちに感謝！

ワシントンDCでは国会議事堂であるキャピタルヒル、大統領の官邸であるホワイトハウス、リンカーンセンターなど観光の名所を一通り見学し、いよいよ大陸横断の帰路となる。目指すは一月前に日本から到着したカリフォルニア州オークランドである。

シカゴ、セントルイスなど大きな街に朝着いては昼に観光し、夜はバスで寝るという具合でホテル代を節約しながら西海岸を目指す。大きな半円のアーチで有名なセントルイスでは州境を越えた時点で一時間の時差が発生していることをうっかり忘れてしまい、危うくバスに乗り遅れそうになったりしたが、再び、南西部のアリゾナ州に着く。

ここまで来て、大峡谷グランドキャニオンを見逃す訳には行くまい。そこで、グランドキャニオン行きのバスが出るフラグスタッフという街で乗り換え。バスの時間表を見ると午前のバスがちょっと前に出発してしまったところだった。そうだ、流行のヒッチハイクを自分もしてみようと思い立った。映画などでもヒッチハイクの場面では車が簡単に止まってくれる。しかし、これは甘い考えであった。実際に道路の脇に立ってやって来る車に向かって親指を立てて突き出しても、皆、無情に通り過ぎてしまう。思いっきりの笑顔を作って微笑むが、駄目。それでも、小一時間くらい経っただろうか、荷物を積んだ軽トラックのおじさんが止まってくれた。

「どこまで行くの？」

「グランドキャニオンに行きたいんだけれど」

おじさんは途中の街までなら行くというので、やはりお世話になることにした。30―40分のドライブだった。

さて、そこから再びヒッチハイクの続きだが、これがまた難しい。時間ばかりが無情に過ぎるので泣く泣く諦め、最初のバス停に戻るのが賢明であろうと道の反対側に行った。やれやれと再びヒッチハイクの合図。しばらくすると一台の車が止まり、このヒッチハイクの失敗の事情を話すと笑いながら気の毒がってくれ、フラッグタッフのバス停まで急いでくれた。

結局、バスでアリゾナの乾燥砂漠地帯を走り、2時間ほどでグランドキャニオンの停車場に到着。ここは国立公園になっており、案内板に従ってしばらく木立の中の赤茶けた道を歩くと急にパノラマのように眼の前が開け、とてつもない規模の地面の亀裂があった。水色の空とその下に広がる赤チョコレート色の岩肌の見事なコントラスト。底に至るまでの剥き出しの地層は数億年の地球の歴史を映して、それぞれの色や模様が微妙に異なり、無窮の大陸という言葉がぴったりの見事な大自然の偉容である。

取り敢えず帰りのバスの時間をチェックしておこうと調べると、なんと30分後が最終バスである。この苦労の末に見たこの大自然の偉容を前にしてたった30分の見学とは！　せめて、頭によく残しておこうと目を凝らして、再度崖の縁に立ってこの無比のパノラマを見つめる。数枚の写真で満足しよう。この日はこのフラッグスタッフの安いモーテルで一泊した。

【再びカリフォルニア州】

そして、バスは約一月以上振りのカリフォルニアに戻る。ロサンゼルスではぜひ見てみたい場所が2つあった。1つは、もちろん、映画の街ハリウッドであり、もう1つは日本人町リトル・トーキョーである。

アメリカの中でも最もヒッピー文化が定着し若者の旅にはヒッチハイクが当たり前の感のあるカリフォルニアである。若者が大きな通りの端で手を上げればおよそ車が止まってくれるという記事を週刊誌で読んだことがあった。ロサンゼルスの中心街からハリウッドへの主要道路はサンセット大通りだったと思うが、早速これを実験。グランドキャニオンでヒッチハイクは懲りたはずなのだが、ま、今度はそれ程の距離でもないし、大都会である。軽い気持ちで道の端を後ろから来る車を時々見ながら歩く。すると、早速一台の大きい車がスーッと止まり、「どこまで？」と聞いてくれる。呆気ないほど気軽に止まってくれたので驚いた。しかし、良く考えると自分はまだ手を上げてもいない。こうなると、急に犯罪多発国アメリカが頭をよぎる。見れば30―40代くらいの男性で親切そうに笑って声を掛けてくれている。乗ろうと思う反面で、急に警戒心が出てきて、半ば意思に反して「ノー、サンキュー！」という言葉が出てしまった。運転手は一瞬戸惑ったような表情をしてスーッと行ってしまった。しばらく、そのまま歩くと確かに数台が声をかけてくれた。あまり用心深くしているとハリウッドへは行けないなーなどと思って半端な気持ちで歩いていると、また一台が止まった。今度は初老の紳士風の人だった。年配者なら安全かなどと根拠もなく決め込んで、「サンキュー！」と愛想を返し、乗せてもらった。大きな道路、大きな車、ラジオから流れる軽快な音楽、とすこぶる乗り心地が良い。

車中ではハリウッドらしく日本で流行っている映画や人気俳優など映画の話題が多かった。この映画の都でそんな話をするのは一種独特の趣がある。なにせ今話をしているその俳優や女優がすぐ近くをショッピングしているなんてことがあるかもしれないのだ。

そうこうするうちに車は早やハリウッドの賑やかな場所に着く。

「サンキュー！」と言って降りようとしたら、

「今日は土曜日で午後は暇なので少し観光案内をしてあげるよ」と言ってくれた。

そこまで甘えて良いものかとちょっと逡巡したが、せっかくの言葉だし、見たい場所を車なしであれこれと歩いて見物するのも大変である。映画に関係した仕事をしているというこの親切な紳士はそれらを車で回ってくれた上に、最後にはロサンゼルスまで送り届けてくれた。

「良ければ家に来て少し休むか？」とまで言ってくれたが、ふとニューヨークの映画館でのことが頭をよぎり、さすがにそれは冒険し過ぎだろうと遠慮し、宿泊先の安ホテルへ向かった。

翌日は市内の日系人の町リトル・トーキョーへと足を運ぶ。この町も70年代当初はアメリカ人社会の中で遠慮しながらひっそりと存在するという風情で、ダウンタウンの一角に褪せたペンキで剥がれかけた日本語の看板や風雨に晒された壁に貼られた日本製品のポスターなど、どこか異国での苦労やら悲哀を感じさせる佇まいであった。それは、戦前の日系人排斥運動、戦争中の敵国国民としての差別や強制キャンプ送りなどこの国で受けた日系人の苦労を物語るようだった。売られている商品も日系人向けにちょっと古くなった日本の雑誌や演歌、歌謡曲のレコードなどや扇子、こけし、日本人形、その他民芸風の土産物などが中心である。日本食のレストランも数軒あり、その中の一軒に入ってみた。

久し振りの日本の食堂の雰囲気に包まれると、ほっと安心感があり、肩の力が抜けてリラックスできる。海外に居てこうしてほっと故郷に帰ったような気持ちになれるのはとても貴重で有難い。夏とあってメニューに冷やし中華を発見し、これが大好物の私は迷うことなくこれを注文。確か5ドル前後だったと思うが何せ交換レートが1ドル360円である。5ドルともなると1800円。当時の物価を考えるとかなり贅沢ではあったが、約一月半振りに食べる日本の味、冷やし中華の甘酸っぱい酢と醤油の味は二度と忘れられないほどの美味であった。

現在のリトル・トーキョーのお洒落な繁栄振りを見るに、日系人の自信や誇りの向上が如何ばかりかと偲ばれる。

そして、またまたグレイハウンドの長距離バスターミナルへと向かう。いよいよ、最後の目的地フレスノへと向かう。フレスノでお世話になるのはジョンさん。彼は私の母校に日本文化を勉強に来ていた留学生で、ある日学食で隣り合わせた。初めて親しくなったアメリカ人であり、後には自分の田舎にも招待して家族に紹介するほどの友人となった。彼に関してはこんなエピソードがある。

群馬の実家に招待した時、田舎のこととて家族との一応の挨拶や話が済めば、家にいても特に面白いこともない。母が気を遣って「どこか外へ遊びに行けば?」というので近くの貸し卓球場に行った。卓球台が数台並ぶガランとした中で、小一時間ほど汗を流して料金を支払いに角の事務所に行った。そこで料金を受け取った管理人のおばさんはじっくりと穴の開くほどジョンさんの顔を見つめ、声を潜めて
「こういう人は何を食べてるのかね」と私に聞いた。
「何って、普通の日本食も好きだし、普通ですよ」というと、
「へー」とひどく感心する。
日本語の分かる彼は黙って聞いていたが、後で
「『生の肉が大好きです』とでも言えば良かったかな」と悪ぶる風もなく冗談をいったが、

何だかこちらが身が縮む気がしたものである。

夕食を終えて炬燵で団欒中に姉が彼の顔をジーっと見ている。どうもまつ毛が気になるらしい。白人なのでまつ毛が長く、綺麗にカールされているのを見て、「まつ毛が女性より長くて羨ましい！　マッチ棒が2―3本乗りそう」と言って笑う。いかにも若い女性ならではの見方だなと皆で大笑い。


さて、バスは翌日の朝にフレスノという街のターミナルに着いた。公衆電話からジョンさんに電話すると、早速サングラスを掛けた180センチはある長身に明るい茶色の髪と口髭の彼が迎えに来てくれた。日本では真面目な、どちらかと言えば堅物的な大人っぽい雰囲気の人柄だったが、さすがにここはカリフォルニア。車から降りたら、裸足だったのには驚いた。やはり、カリフォルニアの若者である。彼によれば、フレスノという街は日系人が多く住む地域で、彼の日本に対する興味はそんなところから来ているのかもしれない。

ジョンさんの家では嫁に行った彼のお姉さんの寝室を貸して下さった。ここは2週間の長い滞在である。スコットランド系だという背が高くて恰幅のいい人の良さそうなお父さんと細めの優しそうなお母さんである。久々に息子が日本から帰国したのに続き、その友人が日本から訪ねて来たので大いに歓迎してくれた。リビングの壁には大きな粘土板の日本地図が張ってあったので、「これは?」と聞くとジョンさんが中学生のときに学校の宿題で作ったとのことであった。何でも、子供のころから日本に興味があったらしい。一方、自分はと言えば子供の時からアメリカに強い興味があった。人の縁というものは不可解で人智を超えていて本当に興味深い。

ジョンさんのご家族にお世話になった2週間は本当に楽しかった。家族が所有する近くの山中の別荘に行ったり、地元のボーイスカウトキャンプに参加したり。一度などは、近くの山で本物の銃を撃たせて貰ったりもした。もちろん、狩りなどではなく、離れた所に並べたビール瓶を的に撃つだけだが、人を殺める事ができる武器を手にするのは実に妙な感覚を味わうものだ。

ロサンゼルスでは時間がなくてディズニーランドには行かなかったとジョンさんに言ったら、ちょうど会いたい友人が居るので、それじゃ行こうということになった。

以前、ジョンさんが日本に来たときは、日本人を意識して英語をゆっくり話していたが、母国で自然に話す英語は声色も一段と低く、スピードも速くて容赦ない。まるで違う人格を見るようで面白い。私が英語と日本語を話す時も声色やスピードが違って、人格も違って見えるものだろうか。一度、外国人の友人に聞いてみたいものだ。

さて、初めて見るディズニーランドで強烈な第一印象はその広大な駐車場であった。度肝を抜かれるような広いスペースの中を小さいトロリーバスが周回してはるか遠い入り口まで連れて行ってくれる。子供の頃、ＴＶで日曜日の晩に、「ディズニーランド」という番組があり、ディズニーの映画やアニメを見せたり、このディズニーランドの施設やアトラクションを紹介したりしていた。大好きな番組であり、私もここの施設についてはある程度の知識は持っていた。例えば、園内は「冒険の国」「未来の国」「開拓の国」「おとぎの国」に分かれていて、それぞれがどんなことをテーマにしていたかなどは知っていた。その中で、おとぎの国の中のアトラクションに「世界は一つ」というものがあった。たくさんの人形が世界中の国の言葉と民族衣装で「世界は狭い、世界は一つ」と歌っているのをその番組で見て、その可愛さと日本語で歌っている点に妙に惹かれてよく覚えていた。そのアトラクションをぜひ見たいと思い、そこに行こうと歩き始めた。20歳前後の男が二人で行くにはちょっと少女趣味な気もしたが、ジョンさんは嫌がりもせずに付き合ってくれた。途中、いろいろな小さい景品が当たる射的やボール投げなどをしながら歩いたのだが、そういった景品に悉く《ことごと》「メード・イン・ジャパン」と書いてあり、日本の産業の活躍振りに嬉しい反面、安いものは皆日本製という感じにちょっと気恥ずかしさも感じた。ニューヨークの土産物屋でも同じ思いをしたものだ。

カリフォルニア大学ロサンゼルス校付近のジョンさんの友人宅ではまだ珍しいウォーターベッドを買ったばかりだということで、上に座ったり、寝転がってみたりして、寝心地が良いの悪いのと評を下していた。当時学校の寮住まいで、普通のベッドでさえ自分のベッドを持つなどというのはまだ夢である自分にはウォーターベッドなど考えも及ばない。いつの間にかビールとマリファナが回されて皆はますます饒舌になり、話題は音楽、映画、学校の話からベトナム戦争、ニクソン大統領の評価までどんどん広がって留まるところを知らない。ベトナム戦争はアメリカ人の若者にとっては現実に徴兵され、戦地に送られ、戦うことが強いられる問題なのであり、戦争の終盤の方では誕生日による抽選で大学生も徴兵された。思えば、母校の学生寮で日本に留学に来て一週間が経ってやっと落ち着いたら、徴兵されて帰国を余儀なくされたアメリカの留学生がいた。日本では徴兵などまったく他人事であり、反戦を叫んだり、反戦歌を歌ったりしてもどこか真に迫るものはなかった。

民主主義とて自らが選んだ政治家による政治に自らが翻弄されるのも現在社会の皮肉か。

さて、カリフォルニアでの2週間も瞬く間に過ぎ、いよいよ日本に帰国する日が迫った。ジョンさんと家族にお礼をいい、名残惜しい別れの挨拶を交わして、いよいよ最後のグレイハウンドのバス旅行である。数時間後には今は懐かしいオークランドの空港へ。空港では2ヶ月前に日本から一緒に来た、友人たちと久々に再会し、それぞれの体験談に花が咲く。皆、20代の若者である、それぞれに一杯アメリカでの青春のひと時を満喫したようである。

帰りの飛行機では運良く窓際の席であった。離陸が夜であったので、オークランドを飛び立ち、湾を越えてサンフランシスコの上空に来ると、低い雲を通してちょっと霞がかったサンフランシスコの街の灯が下に見える。2ヶ月前に来たときは昼間だったので、明るいカリフォルニアの朝の光に照らされる街の風景に感動したが、帰国の途に就いてこんなにも溢れるほどの楽しさ、喜び、新しい経験、そして思い出を胸に上から見下ろすアメリカの最後の夜景はまたロマンチック、かつ、メランコリックに目に映り、一つ一つの思い出が頭の中でいつまでもいつまでも映画のように流れ、飛行機が海岸からずっと遠くに離れるまで窓から目を離せないでいた。有難うアメリカ！　有難う、父、母、姉、そして友人達!!

【そして今】

70歳を迎えた今この旅行を振り返って見る。袖振り合うも他生の縁と言うが、善くもまあちょっとしただけの縁で知り合った人達の親切心だけを頼りに何も知らない初めての国へ2ヶ月もの長い間飛び込んで行ったものだと、今更ながら若く無垢で怖いもの知らずの自分が愛しく、それにも増して、そんな若者を温かく抱擁し大いに歓迎してくれたアメリカという国の持つ幅の広さ、懐の深さ、そしてアメリカ人の優しさ、温かさが有難い。

21世紀になった今、日本は金銭的な豊かさではアメリカに引けを取らないほどに成長、発展し、その独特の文化や歴史に惹かれて多数の外国人が日本を訪れ、暮らしている。彼らにとって日本が懐の深い国であることを願う。

改革開放前の中国

1983年の中国

1983年の秋、母親への感謝の印として海外旅行をプレゼントしようと思い立った。思い立ったが吉日。早速、母親に海外に行くならどこに行きたいかと尋ねてみると、日本人と同じ肌で文化的にも親しみがあるし、何となない憧れみたいなものもあるから中国が良いかなとのこと。では、中国の中ではどこが良いかと聞くと、

「そうね、昔から世界の秘境や目を見張るような美しい景色の場所に憧れていたから、そんな場所に行って見たい」との返事。

「それじゃあ、水墨画の原点とも言われている桂林はどう」と聞くと、

「ワー、それいいね！　行ってみたい」と二つ返事が返ってきた。

【香港】

そんな訳で、行き先は香港と広州経由の桂林となった。共産中国への旅行は団体旅行が原則であったから、すべては旅行会社の指示に従うスタイルなのである意味では気軽な旅行であった。海外旅行も数回経験している私と一緒の旅行だったので、母は安心し切っていて初めての海外旅行でもほとんど不安はなかったようであった。ただ、ちょっとトイレが近くなって来ていたことだけが少々気掛かりな様子だったが。

空の旅は順調に進み、東京から5時間ほどで香港の啓徳空港に着いた。所狭しと立ち並ぶ香港のビル群を真下に、ビルの屋上をほとんど掠めるようにして滑走路に侵入、そして着陸。入国審査、税関審査と問題なく通過して、待ち受けるバスに乗り込み早速ホテルに。

バスの中では日本語の上手い現地ガイドが、手際よくあらかじめ封筒詰めにした香港ドルと日本円の両替をしてくれる。銀行で外国為替の勤務を担当した経験を持つ私はこの交換レートがいかにも日本円に不利に設定してあり、こんな形で日本人旅行客を喰いものにするこの手のパッケージ旅行の一端が早くも覗けた感があったが、たかが短い観光旅行のことと大騒ぎをするほどの金額を両替する訳でもないのでやはり便利さには負ける。

ガイドは流暢な日本語でいかにも日本人が喜ぶような話でホテルまでの道中を楽しませてくれる。

「昔、神様が土を焼いて人間を作ったとき、初めは火を入れすぎて焦がしてしまい、黒人が生まれた。これは不味いと充分注意を払いながら次を作ったら、注意し過ぎて焼きが足りず白人が生まれた。これも不味いと、よくよく注意をしながらさらに次を作ったらほど良い焼き具合の人間がやっとでき、これが皆さま日本人や私たち中国人になったのです」

ここでどっと笑いが起きて、早一同このガイドと打ち解ける。今なら差別発言として問題になりそうな話だが、上手で手馴れたものだ。ホテルに到着すると、ガイドがチェックインの手続きをしてくれ、我々は与えられた部屋で一休み。

香港では、買い物、本場の中国料理、観光名所めぐりなどを楽しんで2日間はたちまち過ぎた。途中、日程にあまりに頻繁な土産屋への訪問が含まれているので、腰が悪い母を慮って少々抗議をしてみたが、土産屋への訪問なくしてこんな安いツアーを組むのは無理だと窘められたりする場面があったりもしたが、まあ満足ではあった。

そして、3日目はいよいよ中国本土への旅である。バスは九龍半島側の中国広州行きの国際鉄道駅へと向かう。鉄道の旅は国境越えがあるので、飛行機とは違った楽しさがある。我々の席は一等席というわりには格別に豪華という感じではないが、乗り心地はすこぶる良い。このツアーは中国桂林への旅行ということもあってか、比較的に年配の夫婦連れが多かった。

やがて、汽車がホームを滑りだし、九龍半島の内陸部へと向かう。しばらくすると車窓に展開する風景は、林立するビルの街中、緑の中に住宅が散在する郊外、そして遠く田畑が広がる田園風景へと変化していく。30分ほどだろうか、いよいよ中国との国境が近づいて来た。一つ手前の駅を通過するあたりから、ガイドがツアー客のパスポートの収集に来た。これまで団体の海外旅行をあまり経験しなかった私は自分の身辺からパスポートを取り上げられることにはちょっとした抵抗と不安を感じたが、反対できる立場ではない。ここは旅行会社の人を信じる他あるまい。

いよいよ国境が眼前に迫ってくると、中国側からのいかにも厳めしい国境警備員が車両に乗り込んできて入国検査が始まった。緊張感を伴ったこのものものしさは何とも言えない圧迫と息苦しさを醸し出して車内に早くも共産主義の風が吹き抜ける。この間、窓から外の国境の様子を窺うと、3メートル以上はあろうかと思われるいかにも堅牢、頑丈な鉄柵が線路の前方を横切って両側にずっと果てしなく続いている様子が見える。柵の先端は中国側に向いて折れ曲がっており、そちらからは登って越えることができない仕掛けになっている。頑として侵入を許さないという香港側（あるいは、決して国外への脱出を許さないという中国側？）の意思が明確に示されていて、中国と香港の生活水準の差、思想統制が厳しい計画経済の共産主義中国と自由な資本主義香港の違いがまざまざと思い起こされる風景である。それでも、柵のそこここを破って中国側から香港側に侵入する人は絶えず、香港には中国からの不法入国者のゲットーがあるとのことである。毎日のように柵の向こう側を見せ付けられ、隙あらば逃亡しようとする人たちが屯する中国側の人たちのこうした現実に対する心情はいかばかりか。

【広州】

漸く入国審査が終わり、汽車が動き出すようである。車窓の外を例の国境の柵が後ろへと去って行く。入国審査が終わった安堵といよいよ中国の中だという興奮で車内の雰囲気は弾んでいる。しばらくすると、車内販売の若い女性がスナックや飲み物を一杯にワゴンに積んで通路を通る。ここはやはり中国茶とエキゾチックな見栄えの果物を干したような菓子を注文。一等席がこの程度なら二等車となるとどんな感じなのだろうか。皮肉な言い方だがブルジョワ打倒、プロレタリア独裁を国是とする中国で一等、二等を設けるのは矛盾ではないのか。

隣席の母が車窓の風景を見て、「ワー、懐かしい!」と感嘆の声を上げる。外はと見ればいかにものんびりした農村風景がずっと遥か彼方まで広がる。「悠久」という表現がぴったりの情景。緑が広がる水田の中に畦道が縦横に伸び、所々に背の高い木が数本ずつ立っていて景色にちょっとしたアクセントを与えている。そんな畦道を、モッコを担いで肥やしを運ぶ人、その向こうのやや広い農道には牛の背中に乗って田んぼに向かってゆっくりと歩く人、さらには、流れる小川に入ってバケツで自分の田に水を送る人。「こんな風景を見ると子供の頃を思い出すねー」と母。大正末、群馬東南部の米どころの農家生まれの母にはどこか懐かしい風景らしい。「数十年前の日本の農村もこんな感じだったよ」と感心することしきり。確かに、どこか懐かしさを感じさせる風景ではある。

大学時代に第二外国語として中国語を勉強したことが理由で、以前の勤務先では若手社員の外国語能力の強化を目的に開始された「特別語学研修生」に指定された。この研修の一環で人事部の手配によってある期間にわたって私の勤め先支店に直接「人民日報」が毎日送られて来ていたことがあった。勤務に追われる中、全部中国語で書かれた新聞を読んでいる時間も能力もないのが現実だったが、かと言ってコストが掛かっている新聞を全然読まずに捨てるのも罪悪感を覚えて処理に困ったものであった。加えて、70年代中盤の中国は悪名高いかの文化大革命の真っ只中にあって孔子や林彪を批判する「批孔批林」運動の嵐が吹き荒れていた時期であった。せっかく送って頂いた新聞も毎日毎日毛沢東の礼賛と対立分子の「走資主義」批判の権力闘争の様子ばかりの報道であったから、一介の銀行員であった自分には面白味のない無味乾燥な新聞としか思えなかった。むしろ、こんな新聞を連日見せられ、他に選択の有り様もない中国の人々は気の毒だと常々思っていた。

こうして実際の中国の農村風景を目の当たりにし、隣の母の「中国の田舎は日本より30―40年は後れているね」などという感想を聞くと、1千万人が犠牲になったとも言われるあの文化大革命とは一体中国の人にとってどんな意義が有ったのだろうと歴史の皮肉を感じて、複雑な思いに駆られた。今になって見れば、時間を失っただけでなく、インテリ撲滅運動のために多大な貴重な人的資源が失われたとか。マルクスも罪なものである。日本は敗戦したとは言え、アメリカに占領されたのはこの点から見ればかなりラッキーだったのだと思わざるを得ないが、どうなのだろうか。

そんな思いに耽っているうちに、列車はどんどん進み、結局3時間ほどの旅だったろうか、漸く広州駅に到着した。はやる心で手荷物を持ってガイドの指示に従って駅舎へと歩を進める。プラットホームの先で左折をするとすぐ先は駅舎である。この駅は国際列車の駅とあって線路の終点の先は高さ2メートルを優に超えるかと思われる頑丈な金網で厳重に外部から仕切られている。その外側には昼だというのに上も下もびっしりと埋める顔、顔、顔。文字通り鈴なりの地元の人が汽車から降りて来る外国からの旅客を物珍しそうに熱心に見入っている。皆、一様に貧しい身なりである。香港でも日本人はリッチだと思われ、現実に自分たちも日本にいるよりも物価が安いだけリッチになった気分になったほどだから、ここでは彼我の経済力の差は歴然である。ジーンズにTシャツの普段着で旅行している自分でさえ何だか上等な服を着ている感じがするほどなので、海外旅行だということでちょっと洒落た柄にヒラヒラつきのゆったりしたワンピースの母などは何だか女優にでもなった気分だったらしい。妙な優越感を覚えて、不思議な感覚。

駅舎から出るとバスでホテルへ。これも外国人観光客専門のバスで日本の観光バスと同様の設備を備えて内部も小奇麗に整頓されている。が、一歩道路へ走り出すとこれがいかに特別扱いなのかが一目瞭然となった。人、自転車、荷物車などが渾然と交わる道路をときどき行き交う路線バスは埃にまみれ、車体も古く、いかにも貧しい。冷房などは当然ないだろう。

ホテルも市内ではかなり高級な外国人専用ホテルで、日本の大きな一流ホテルのような新品ピカピカではないがまあ風情のある佇まいのちょっと古い十数階建てのビルであった。地元の人の出入りが厳しく制限されているので、ゲートの外でタクシー、輪タク、土産物売りなどが金持ちの外国人を狙って隙あらば出入りする車や人に近づこうとじっと目を凝らして中を窺っている。香港から中国への国境を越えた瞬間から何だか特権階級になったような扱いで、また、こちらもそんな錯覚を持ってしまう環境である。文字通りの別世界。

ガイドがチェックインの手続きを済ませ、宛てられた部屋へと向かう。各階には一種の監視人なのだろうか、エレベーターの付近に女性が一人24時間体制で詰めている。暑い夏なので、各室にはエアコンが設置されているのだが、これがかなりの旧式で雑音がすごい。初めは何の騒音だか分からず、一体何だろうと訝り、窓を開けてみて納得。窓の下にへばりついているような大きな冷房の屋外機がトンデモナイ音を立てて唸っている。冷房とあれば止める訳にも行かないので、騒音は我慢し、まずは備え付けのポットのお湯とティーバッグで一服。私は海外のホテルに行くとまずはテレビをつけるのが習慣なので、テレビをつけると、数少ないチャンネルの中で日本の懐かしいアニメや柔道一直線だったかの番組を放映していた。もちろん、主人公たちは中国語をしゃべっている。共産主義体制の中国の中で日本のテレビ番組が活躍しているのを見るのはちょっとした安心感とともに、やはり、人の心はどこもそうは変わらないものなのだ。

少し休憩の後、物珍しさもあり夕食前にちょっと外出してみたいと薄暗くなった夕方の街へと母と二人で繰り出した。門の側では輪タクのおじさんや物売りのおばさんたちが何やら売りつけようと早速寄ってくる。言葉は分からないし、とりあえず欲しいものはない。

手を振って断ると、物売り達は落胆とちょっとした怒りの交じったような表情で身を引く。

おっかなびっくりホテルのゲートから大通りへと出ると街灯も少なく暗い道はざわざわと蠢く何物かでびっしりと埋め尽くされ、大混雑をしているようである。ちょっと不気味でもあり目を凝らして見ると、それは電燈を点けない大量の自転車で仕事場から帰宅する人の波であった。夜の自転車は点灯を義務付けられている日本で生活する我々にはそれは一種異様な風景であった。暗がりの中を灯りも点けない無数の自転車が、水が流れるように動いて行く風景を想像してもらいたい。ほとんど無言ではあっても多少のおしゃべり、ペダルを漕ぐ音、その他の雑音などは聞こえるので、表現は不適切かも知れないが、まさに、もぞもぞと動く多数の虫という譬えがぴったりだった。うっかりすると勢いでその流れの中に飛び込んでしまいそうだった。

すぐ横の脇道の道端には何軒かの店のようなものが見える。近寄ってみると、薄暗い裸電球一つの下で素朴なガラスの商品ケースが一つ二つ置かれた中に簡単な商品を並べた小さい商店が長屋のように数軒並んでいる。中では店番が1人、2人居て道行く人を眺めている。中に飴を売っている店があった。タバコを吸うために舌が荒れがちな母がハッカ飴を買いたいというのでそこに入ってみた。店員は着古したズボンにランニングシャツ姿の

30代風の男性二人だった。こちらも物珍しい思いで入ったのだが、明らかに相手も物珍しそうにこちらを見ていた。「ニイハオ」と小声で挨拶して入ったのは良いが、それ以上は言葉が通じない。学生時代に中国語を少々齧《かじ》ったのだが、とても現実に用をなせるレベルではない上に、ここは広東省。となれば通じるのは広東語である。ハッカという言葉が分からないので、ケースの中に入っている飴の包み紙の色や書かれている漢字で判断しようとケースに顔を思い切り近づける。「アー、ウー」状態の身振り手振りで欲しいものを説明しようとするが、なかなか通じない。「ハッカって漢字はこんな風だった感じがするね」と母が言って紙に漢字を書き、それを指でさすとどうやら正解だったらしい。ドンピシャの正解だったので面白がって笑う母。ほとんど手話で値段を聞くとえらく安い。20数個で10円くらいだったか。「ＯＫ」とサインを送ってお金を渡すと、それを包むでもなく、どうぞという感じで見ている。綺麗な袋や紙に包んでもらう習慣に慣れている我々は戸惑ってどうして良いか分からず、一瞬ポカンとしたが、あ、包んでくれないんだと分かって慌ててケースの上に出された飴を両手でかき集めて、母のバッグにそのまま放り込む。「謝謝」とお礼を言って外へ出る。

「いやー、こっちでは包んでくれないんだね。参ったね」

「でも、何とか通じたじゃない。大したものだわ」

「でも、身振り手振りで可笑しな格好だったよ。昔のＮＨＫのテレビ番組『ジェスチャー』みたいだった」

「あちらさんも大慌てだったね。泡を食っていたよ」

などと今しがたの経験を話の種に道を歩いていると今度はまたまた薄暗い中で果物を売っている店があった。ちょっと歩いて喉も渇いたし、みかんでも買おうか、というのでちょっと立寄ってみる。

ちょっと一部が黒ずんで日本の果物屋のように小奇麗な玉ではないけれど、皮が張った大きめのみかんが目に入った。「ちょっとのどが渇いたし、ホテルに戻って食べたら美味しいだろうね」と母がいうので、またまた身振りで買いたい旨を伝える。バラ売りなのでとりあえず半ダース６個を買う。すると、先ほどと同様に包みもしないで、「はい、どうぞ！」と手渡そうとする。泡を食って両手で受け取るものの、包んでもいない半ダースのみかんを手にして無様な格好だ。自分がよほど剽軽《ひょうきん》な様子だったのか母が笑い出して、それでも少し賢くなったのか、ハンカチを出してこれで包もうということになった。「グッドアイデア！　段々賢くなるね」とこちらも大笑い。店のおじさんは急に笑い出した変な日本人を見て、訳が分からない様子。「日本も昔はこんなものだったんだよね」と妙に懐かしみ、感心しつつも、予期しない事態に大慌てで泡を食う自分たちの情けない格好を思い出して、また、大笑いしながらホテルへと戻った。

翌日は、朝の7時だったろうか。外から大きな放送音が聞こえてきて目が覚めた。何ごとかと窓の下を見ると、どうやら市の公共放送で、「今日も元気で一日仕事に精を出して社会主義社会の建設に貢献しよう！」と言ったような内容だったらしい。成るほど窓の下の道は仕事に向かう人でごった返している。遠くの工場からも煙か蒸気のようなものが立ち上って、一日の始まりを示している。「何だかこんなことも戦時中の日本のようだね」とまたまた感心する母。全体主義と言うけれど、個人の立場を重視しない社会主義の一環がこんなところからも垣間見える。「今日休みの人だっているだろうに」などと考えてしまうのは資本主義の「毒」にすっかり嵌ってしまっている証左なのだろう。

朝食の後は、パンダが居るという広州動物園の見学。ツアーの一行が動物園のある公園にバスで着き、歩き出すと最近トイレが近いと嘆く母はパンダよりもトイレはどこだろうと、早や気もそぞろ。運良く公衆トイレがあるとガイドがいうので、自分も早速用足しに行く。入ってみると心臓が「ドキッ！」とする風景がそこにあった。

小用の便器はなく大小共用の様子なのだが、入った瞬間に何か違和感がある。一瞬、「あれ!」と思い、凍り付いてしまった。何と、いわゆる個室がなく横に細長いコンクリートの土台の真ん中に溝が掘ってあり、その上に申し訳程度の低い仕切りがいくつかある。ドアが全然ないので、しゃがんで用を足している人が横から丸見えである。こんな赤裸々な用便の光景は生まれてからこの方見たことがなく、ショックというか、目のやり場に困る。しかし、地元の人たちにはこれは日常風景なのであり、勝手に面食らっているこちらが変な存在なのである。立っている人がいないところを見ると、大も小も、とに角しゃがむらしい。仕方がないのでここで小用を足すことにしたが、やはり、生まれた時からの習慣は骨の髄まで染み込んでいるらしく、公然と尻を丸出しする勇気はない。そこで、一番端の席に立ち、後ろの人達にご対面しなくても済むように前の壁に向いて立ったまま、股の下の溝に向かって用を足した。後ろの人から見れば、突っ立ったまま壁に向かって用を足しているこの外国人のほうが余程妙な存在だったに違いないが。

しばらくして、女性用トイレから出てきた母も実に奇妙な表情で歩いて来た。やはり同じような経験をしたらしい。駆け込むようにしてトイレに入ったら、前述のような赤裸々な光景を目にして、思わず「キャー!」と悲鳴を上げてしまったらしい。用便中の人たちはまさか自分たちの様子を見て悲鳴が上がったなどとは考えもしないので、何か事件でもあったかとそれこそ用足しの途中で救助のために母に近づいて来たとか。顔を真っ赤にして「ごめんなさい！」と必死で謝って、逃げるようにこちらに来てしまったとのこと。結局、用は足せず、切羽詰まりながらもこの騒ぎのショックでちょっと気が紛れて、しばらく我慢できたようだ。地元の人には迷惑な話だ。

夕方からは、当時中国で大好評のバレエ劇「白毛女」の鑑賞。これは、あまりにも資本家に搾取され、苦労させられたために髪が真っ白になってしまった女性が共産党の軍隊「八路軍」に救助され、革命意識に目覚めて中国人民の解放のために力強く立ち上がるというストーリーだと思うが、資本主義の恩恵にたっぷり浸って生活してきた我々にとってはその思想的な側面よりもこういう政治的なテーマをクラシックバレエで表現することの面白さや、踊りのテクニックの高さ、貧しいプロレタリアートの衣装などが珍しく、楽しかった。今でも、主人公の女性が真っ白な長い髪を振り乱し、銃を高く持ち上げて片足の爪先立ちでクルクル回りながら革命成就の喜びを表す最後の場面を思い出す。中国の近代史や白毛女の話のことは知らず、バレエも日ごろ縁の薄い母に、

「どうだった？」と聞くと、

「うん、まーまー面白かった」とのこと。言葉も分からないのだから、「まーまー」であれば良しとするところか。さて、翌日はいよいよこの旅行のハイライト桂林へと出発だ。

【桂林】

桂林への飛行機は外国からの観光客を大勢運んで離陸したが、これがやたらブルブルと震えて、怖いことこの上ない。事故件数の統計や自分に不都合なことは一切公開しない国柄だから、本当は航空機事故が結構発生しているのかも知れないなどと要らぬ疑惑が湧いてきて、ちょっと揺れるたびに肝を冷やす思いがする。小一時間で飛行機は桂林の空港に着陸。午後の光を反射してゆったりと蛇行する漓江《りこう》とその両側に鋭い円錐が林立するような岩山の群れ。形も多様でチェス盤の駒のようだ。「絵に描いたような」と言う譬えがあるが、ここは水墨画の原風景。文字通り、絵に描いたような美しさである。テレビで世界の美しい景観を見るのが大好きという母は大興奮である。「うわーー！　凄い！　前にテレビで観た通りだ！」と頻りに感心している。悠久の昔からこの地はこの景観美で近づく者を魅了して来たことは間違いないが、これをこんな上空から眺める贅沢が

桂林漓江

できるのは、秦の始皇帝でも叶わぬことであり、現代に生まれた我々の特権である。有難く拝見しなければバチが当たるというものだ。

桂林の観光は漓江の川下りがハイライトである。上流桟橋までバスで乗り付けて、大きな二階建ての観光船に乗り込む。定員にはやや余裕があり、上はオープンエアーになっており、日を浴びたり、周りの景色の写真を撮ったり、じっくり川の様子、岸辺の畑や民家の様子、その直ぐ後ろに切り立つ細い円錐形の岩山などが観察できる。下の階は窓付きで風を除けながら食事などをするために使われているようである。船客一人一人にスナック様の菓子袋が手渡された。

船はゆっくりと流れに任せて下る。両側の景色はちょうど使い古してボロボロに毀《こぼ》れた鋸の歯の部分のみを切り取ったように、細長い一つ一つの岩山が微妙に前後・左右に並び、また、重なりしてその景色を変え、それぞれが実に個性的である。やや高いもの、やや太いもの、二つがつながる双子状のものなど変化に事欠かない。近い山は大きく、色濃く、木や岩肌の様子もはっきり見える。やや遠いものはやや薄い影になり、遥かなものは薄青色の抽象的で優美な姿を見せる。そして、皆、ゆっくりと川面を優しく撫でる風に乗って後ろへと過ぎ去って行く。

船側でちょっと賑やかに人が集まって盛り上がっている。寄って見ると観光客が手持ちの袋からりんごやみかん、そして菓子袋などを下の川面に向かって投げている。何ごとかと思って下を覗いてみると、10歳前後の地元の少年達が泳いで船の側に来ており、船の乗客に食べ物をねだっている。それに応えて観光客が持っているスナックや果物を投げ落としているという訳である。落ちてくる菓子や果物を必死になって泳ぎながら拾う少年。その格好を面白がって物をさらに投げる観光客。毎日の日課になっているらしい。食べ物を投げる人は子供たちに乞われるままにその要求を満たしているだけなのかも知れないが、いかにも、残酷で意地悪な風景ではある。

そうかと言って、過去数日の中国での見聞でも地元の人がとても貧しいのはこちらも分かっている。だとすれば、何だかんだと理屈をこねて、結局彼らに何も施さないのが一番質が悪いのではないかという気もしてくる。周りは「ほーら!」とか「へーい!」とか言って物を投げては、どの子がそれを取るかに見入ったり、数人の子供が競争して集まって来るのを見て興に入っている。子供達の方だって、恥ずかしいだの、プライドが許さないだのと思うなら、現にこんなことをやったりしていないし、実際に美味しいものが欲しいのだ。「それじゃー」、と自分もりんごを思いっきり川面に向かって投げかける。それをしっかり見定めた子供が早速それを拾いに来た。

終戦直後の日本を知らない戦後生まれの身なので、チョコレートやチューインガムをジープから投げてくれる駐留軍の米兵に群がる日本の子供の話は聞くだけで見たことはないが、何かそんなことを連想してしまう光景である。戦後の事情を実際に経験している母はやはりちょっと複雑な思いがあったらしい。国が貧しいということは、その国民に苦労を強いるものだ。

ふと、目を離すと我々の船からやや離れた水面に小さいボートがあり、16―17歳かと思われる少女が一人で立って静かに櫓を漕ぐ姿があった。何か日用品か、農作物を運んでいる様子。こちらの喧騒を嘆くかのような、恥じるかのようなもの静かで質素な佇まいが印象的であった。

その間にも船は優美、神秘、そして神々しくさえあるこの大自然のパノラマの中をゆっくりと進み、その美しさに魅入られた乗客は感嘆したり、溜息をついたり、写真を撮ったり、じっと静かに見入ったりとそれぞれの方法で堪能している。

そして、数時間のクルーズの後に船は観光コースの終了地点に着き、今回の旅行のハイライトである桂林観光が終わった。「あー、素晴らしかった。本当に来て良かった」と嬉しそうな母を見て、こちらも大いに満足であった。

夕食の後、付近にあるこの街で唯一派手なネオンサインが輝く「友誼商店」という名の外貨商店へと散歩。他にはこれと言った目立った建物も、商店も、街灯もなく、ただ暗い街の中でここだけは派手に、華やかにネオンが輝き、地元の人も数少ない娯楽としてここにやって来るようである。暗く、大した商品がない普通の商店と違い、この「友誼商店」は日本の田舎のデパート並みとは言え、珍しい国産品や外国産の高級品が品揃えされているので、確かに地元の人の目を楽しませてくれるものに違いない。

それにしても、皮肉というか体制の矛盾というか、この店では中国の通貨である人民元が使えないのである。国が保有している外貨の量が少ないので、外国人や中国国民が隠し持っている外貨をこういう店で買い物をさせて、政府の手に集中させようという訳である。当時は中国の通貨には二種類あって、もちろんほとんどは国民一般が使う人民元であるが、その他に外国通貨と両替した時にだけ手にする兌換券《だかん》というものがあった。もちろん、人民元の代わりであるので、表面的には人民元とは1対1の交換比率である。しかし、この兌換券は外貨の裏づけがある通貨なので、外貨と同様の扱いを受ける。

そういうわけで、この「友誼商店」では米ドル、日本円、英ポンドなどいわゆるハードカーレンシーと呼ばれる国際的に通用する主要国の通貨か、この兌換券のみが通用するのである。しかし、海外に親戚がいて送金を受けるとか、外国で働いたとか、外国人からチップや何らかの支払いを受ける立場にあるとか特殊な事情がある人を除いて、一般の中国人はこの兌換券とは縁がない。こんな事情なので、ホテル周辺では我々外国人を見れば、兌換券と普通の人民元とを交換してくれと両替を請う地元の人が寄って集って、群れ、迫って来る。ここは社会主義国の中でのことでもあり、表面的には交換比率は1対1なのだが、こういう現実の需要・供給が支配するマーケットが存在する場面では、冷酷な資本主義の理屈が罷り通って、両者の交換比率は1対1・5とか1対2とかになってくる。実際に流通機会が限られる兌換券のほうが新しく清潔であったりするので、汚れてくしゃくしゃになった普通の人民元は見かけ上も兌換券より劣るような錯覚を覚えさせる。こんな場面でも、外貨や兌換券を持っている外国人は否が応でも一種優越感を覚えるのも詮ない訳である。こんな状態を毎日見ている人民からよくも、再度「革命」が起こされないものである。戻ったホテルでは、中国最後の日でもあり、早やこの旅行の思い出話で母と盛り上がった。

どこか遠い昔を思い出させ、親しみと懐かしさを覚えると同時に言葉や生活、文化の異なる地でありながら、それほど気を遣わないでゆっくりと楽しめる良い旅であったなあと楽しい土産話をたくさん抱えて、香港から日本へと帰る飛行機は物凄く揺れた。ちょうど台風が来ているので、欠航になるかもしれないと懸念された中での出発。いざ出発して見ると、あにはからんや揺れる、揺れる。テーブルの上の食事の置いてあるトレイがそのまま跳ね上がって、ガクンと急降下すると手にしたコーヒーカップから中身のコーヒーがそのまま空中に残ってしまうのではないかと心配になる。機内あちこちから小さな悲鳴が上がる。さすがに、自分も本気で怖くなり、隣の母に

「大丈夫?」と聞くと、

「うん、遊園地のようで楽しい」と、ケロッとしている。

「人間どうせいつかは死ぬのだから、こんな形で苦しまずに死ねるなら一番だよ」と宣う。

「そうか、そう考えれば怖くもないか」

と二人で大笑い。最後まで、忘れられないオマケつきの弥次・喜多旅行はこうして幕を閉じた。

リオでカーニバル

１９８５年のブラジル

「リオのカーニバル」。この言葉には私にとって半端ではない思い入れがある。というのも、なんと私はリオのカーニバルで踊ったおそらく数少ない日本人の一人であるからである。ことの初めはこんな具合であった。

1985年早々、当時アメリカ系銀行のサンパウロ支店に勤務していた時の話。隣の席で働いている同僚のスウェーデン人女性アニカから、「ハル、今年のカーニバルにはリオに行かない?」と嬉しい誘いが掛かった。日系企業との取引担当の私。欧州企業との取引担当の彼女。20代後半の若い典型的な北欧金髪美人の彼女に誘われて、行くなというほうが無理である。「ウン、行こう、行こう!」と二つ返事の私。ところが、話をよく聞くとこれが見に行こうではなく、踊りに行こうという意味であった。なんと、こんなチャンスは一生に一度の稀有なものと、一挙に気持ちは舞い上がる。彼女の友人がリオに住んでいて、有名な「マンゲイラ」というサンバクラブにコネがあり、一緒に参加しようと誘われているとのこと。

「マンゲイラ」とは14ある「エスコーラ・デ・サンバ」と呼ばれるリオのサンバクラブの中でも、過去のカーニバルパレードで何度も優勝している名門である。それぞれのクラブが独自のテーマカラーを持っていて、わがマンゲイラはピンクと緑。他のクラブは例えば、金と白、黄色と青などそれぞれの趣向を凝らした色と色の組み合わせを用いている。カーニバルのパレードとは、これらのサンバクラブがクラブごとに毎年新しく作曲されるサンバのテーマ曲に合わせて、パレード会場を踊りながら練り歩き、その音楽、衣装、山車《だし》の色、デザインの斬新さや面白さや美しさ、豪華さなどを競うのであるが、もちろん、ダンスの振りやステップ、グループの統一性、整合性なども審査の対象とされる。パレードは14のクラブが7つずつ二晩に分かれ、それぞれ週末の夜9時から翌朝9時まで行われる。

そして、それから約1ヶ月後。胸を弾ませて搭乗したサンパウロからリオに向かう国内線の飛行機は、そのメタリックな機体に強烈な日差しを照り返しながら、真新しい綿のように弾みそうな分厚い雲の間を大きく旋回して、真夏の暑さにむせ返るようなこの景観麗しい街へと機首を下げる。窓の下には黄灰色の岩山や濃緑の丘、一群の白いビル、碧い海、白灰色の砂が蜃気楼のように揺らめいて広がる。砂浜を彩る日焼けした美男美女たちは色とりどりの水着を着けた蟻の様である。機内放送が、「当機はリオのサントス・デュモン空港に向けて下降しています」と告げると、カーニバルを楽しみにやって来た乗客はこの素晴らしい景色を眼下にしながら早くもバカンスへの期待で目一杯胸を膨らませ、顔を綻ばせている。サンバの曲が機内で流されようものなら、すぐにでも機上カーニバルが始まるのは間違いない。

空港からタクシーを拾って、友人たちが待つイパネマ海岸近くのマンションへと急ぐ。約20分の道すがらは数キロに渡ってゆったりとしたカーブの美しいコパカバーナの海岸を通りぬける。左側はちょっと黄色が入った灰白色の砂浜に色とりどりの水着で強烈な日光を浴びて小麦色の肌を惜しげもなく晒している人々。右側は高級マンションやホテルが立ち並び、色とりどりのパラソルや椰子の木の下のレストランで食事やドリンクを楽しむ人たちで賑わっている。こういう風景を見るだけで、心はすでにカーニバルの気分に溶け込んでしまう。

到着すると、はやる心でロビーへ。ブラジルのマンションにはよくあることだが、マンションの入り口に入るとちょっとしたロビーがあって、洒落たソファや照明家具、観葉植物などが品良く置かれて、ホテルのようで訪問者にはとても高級感のある良い感じを与える。エレベーターに乗って、友人の部屋の前に立つ。

ドアが開くと、すでに集合していた友人達の大きな笑顔と抱擁が出迎えてくれる。およそ初対面なのだが、屈託のない笑顔で迎えてくれるのがいかにもブラジルらしい。

「ようこそ、いらっしゃい！」

「こんにちは、初めまして！」

などと挨拶はさまざまだが、頬と頬をつけてのキスはいつになっても、何度やっても照れる。旅装を解くと、早速、カイピリーニャで乾杯。これはブラジルで一番人気のお酒で、サトウキビから作るアルコール度のかなり高いスピリットであるピンガにライムを搾り、砂糖を入れて甘くしたドリンクである。甘酸っぱく、口当たりがいいのでカラッと熱いブラジルの気候にはぴったりの酒だが、うっかり飲みすぎると腰が立たなくなるほど強い。

やがて、他の友人たちも到着し全員出そろうと、見事に国際色豊かなグループの誕生である。ブラジル人3人、アメリカ人2人、スウェーデン人3人、イタリア人2人、そして、日本人1人の俄か仕立てのサンバチームが出来上がった。俄か仕立てとはいえ、我々はれっきとしたリオの名門サンバクラブ「マンゲイラ」のメンバーであり、そのテーマカラーはピンクとグリーン。早速、あらかじめ寸法を取って注文をしておいた衣装を試着して大騒ぎ。頭にはシルクハットふうのピンクの帽子のてっぺんを金、銀、ピンク、グリーンのメタリックテープを垂らした小さい笠で飾った被り物。上半身は光沢のあるピンクのサテンに白いレースで模様や縁取りをした短いジャケット、袖はピンクのレースを風船のように丸く膨らませた半袖。背中からは帽子と同じ4色のテープがひらひら、きらきらと垂れ下がる。へそ丸出しの腰から下は、女性はピンクとグリーンの生地をピンクのレースで覆ったミニフレアスカート、男性は片方がピンク、もう片方がグリーンの膝までのタイツ。膝から下は銀のテープで縁取ったピンクのレースがかかとまでフレアをつけて下がっている。靴はズックに銀を塗ったもの、という出で立ちである。

パレードの出番は真夜中なので、まずは腹ごしらえ。夕日の残るイパネマ海岸に全員揃って出かけ、シーフードレストランで早めの夕食。目の前の海岸沿いの大通りの向こうは遠浅の砂浜。まだ、人が残っていてカーニバル休暇の夕暮れをそれぞれに楽しんでいる。アパート群やホテルが立ち並ぶこちら側では4―5人の男たちが太鼓やパーカッションなどを手にサンバの曲を歌いながら、道を練り歩く。そう言えば、世界的に有名なボサノバの曲「イパネマの娘」にちなむ同名のカフェレストランもすぐその辺りだ。サンバという音楽は一種不思議な音楽である。いくつかの打楽器が矢継ぎ早に打ち出すリズムと彼らが歌う素人っぽいコーラスが実に聞き心地良く、慣れない外国人である自分にも妙に耳に馴染んで、体が自然に動き出す。顔も自然にほころんで、幸せ気分になってくる。ところが、いざ腰や足を動かして見ると、これまたまったくリズムに追いつかない。こんな処で人種論をぶつのも変ではあるが、私の見立てでは黒人系の人のノリが一番いい。白人系がそれに次いで、東洋系は今一つ。もっとも、サンバのルーツはもともとアフリカだということなので、これは当たり前なのかも知れない。

街中がカーニバル一色。道を練り歩くサンババンドの周りの通行人たちも合わせて踊ったり、腰を振ったりしている上に、通りがかった車の中でもバンドの打ち出すリズムに同調して歌ったり、叫んだり、クラクションを鳴らしたりでもう街中がしっちゃかめっちゃか。いつもなら神経質で怒りっぽいブラジルの車の運転手たちもこの時ばかりは別。だって、年に一度の待ちに待ったカーニバルじゃないか！

やがて日暮れ。ちょっと涼しくなった潮風がレストランの中を吹き抜け、混み合うレストランの周りは地中海風シーフードのガーリックの香りに包まれる。今夜のパレードへの期待と興奮に弾む楽しい語らいとおいしい食事。レストランの周りは家族や友人たちと夕暮れの海岸を散策する人たちで賑わい、皆が相変わらず通りのあちこちでサンバのリズムを叩くドラムのグループやそれを取り囲んで踊る人たちの様子を見たり、参加したりしてそれぞれのカーニバルを満喫している。楽しい夕食の時間は瞬く間に済み、そして夜。

アパートではテレビが早くも始まったサンバパレードの様子をけたたましく中継している。画面の中では1年間待ちに待ったダンサーたちが色とりどりの派手な衣装の波となって軽快なサンバのリズムと歌にのって次から次へ流れていく。野球やサッカーの実況中継のような興奮口調でアナウンサーが画面を通り過ぎるダンサーやチームの様子を伝えたり、パレード中のサンバクラブのプロフィールの説明をしたりしている。映し出される観客席は早くも総立ち状態でサンバのリズムに酔っている。

「数時間のうちには我々もあそこで踊っているんだぞ！」と友人が気勢を上げる。

「イエーイ！」

自分もテレビに映って、全世界に放送されちゃうのだろうか。そうなると恥ずかしいな、などと勝手な想像も楽しい。

パレードでは各クラブが毎年独自のテーマ曲を作曲し、メンバー全員がこれを歌いながら踊り、練り歩く。地元ではどうもこれが作曲家としての成功の登竜門にもなっているらしい。部屋では、仲間たちが自分たちのクラブ「マンゲイラ」の今年のテーマ曲をテープで聞き、練習しながら衣装を身に着けている。頭につけた帽子のてっぺんからつま先まで、ピンクとグリーン尽くめ。帽子の笠、背中、肩から下がる4色のメタリックテープを揺らすのが愉快で体を動かしてはしゃぐ。こんな格好で突然日本の街に1人で現れたら間違いなくチンドン屋だが、こんなふうにリオの街で仲間と一緒だと、まさにカーニバルである。

こんな滅茶苦茶に楽しい格好だからこそいっそう盛り上がるというものだ。

例のカイピリーニャを口に流し込み、今度はメイクである。それでもまだ少し照れ気味な自分をよそに、友人たちはすっかり雰囲気に溶け込んで、化粧も徹底的にケバい。きらきら光るラメの粉を躊躇《ためら》いもなく顔中に振り撒いて喜んでいる。

我がチームの出番は夜中の1時である。時計を見ると、11時を回ったところだ。そろそろ出発の時間だ。いざ出陣！　この派手な衣装を着けて全員車に乗り込む。車はカーニバルの夜に沸くイパネマ海岸からコパカバーナ海岸へと続くアトランチカ海岸通りを飛ばす。我らが「マンゲイラ」のテーマ曲がボリューム一杯にカーステレオから流れ、歌声も加わって、大きな音が車から海岸沿いの道に溢れ出し、ビーチの波の暗がりへと消えて行く。何せこの格好とこの騒音である、道行く人は「いよ、マンゲイラ！　応援しているよ、がんばれ！」と声を掛けてくれる。対向車はこれまた、掛け声やクラクションで声援を送ってくれる。こんな具合だから雰囲気はいやでも盛り上がる。

パレードの会場はやや遠く、駐車場にも不便するので近くの地下鉄の駅までのドライブである。日本の正月と同じくカーニバルの期間は地下鉄も24時間営業である。やがて、車は目的の地下鉄駅に到着。広い駐車場は真夜中にもかかわらずほぼ満車状態だ。帽子を脇に持って車から出ると、そこはまさにピンク民族の大移動状態。止まっている何十台の車の中から出るわ出るわ。鳥の羽、きらきらのメタリックテープ、さまざまな形のレースのフリルやリボンなどで目一杯飾り立てた帽子や衣装を身に着けて、大勢の人が地下鉄駅の入り口へとぞろぞろと連なる様はまるで巣穴に向かうピンクの蟻軍団である。

フランス人形、ピエロ、古代ローマの軍隊、中世ヨーロッパの貴族と趣向を凝らした衣装。実にオリジナリティーに富んでいて感心してしまう。中にはほとんど町なかに繰り出したストリップ嬢としか見えない格好の女性までいて、目のやり場に困ってしまう。総じてブラジルにはスタイルの良い美人が多く、また、彫の深い顔立ちの男性たちも派手な格好がよく似合っている。ピンクや緑はわれわれマンゲイラのチームメートである証拠であり、たちまち、知らぬ者同士でエールの交換となる。地下鉄の切符売り場の前はそんな人たちの列でごったがえしている。中に入ればホームも満杯。

やがて、やって来た電車もピンク軍団に占拠され、一般の乗客は圧倒されながらもこの幸運に大喜びの大満足。ドアが閉まって電車が動き出すと、途端に全車両が我がマンゲイラの貸し切り電車と相成って誰ともなくテーマ曲が歌われると、たちまち全員でテーマ曲の大合唱。サンバの踊りに全車両が席巻され、ピンク軍団も一般乗客も大いに盛り上がる。「ああ、これこそまさにカーニバル・イン・リオ」。会場までの4―5駅はたちまち過ぎ去っていよいよ目的の会場地の駅。

ドアが開くと歓声を上げながらぞろぞろと乗客が降りて、電車は空っぽ。出口に向かってピンクの蟻軍団が限りなく続く。普段は目抜き通りである6車線はあろうかと思われる大きな道路を横切った反対側の広場がスタンバイの場所である。マンゲイラだけでも約3000人はいると聞いていたが、衣装を着けている人に交じって友人たちや見物人が大勢集まっていて、てんやわんやの混み様である。列の先頭の方は巨大な山車の群れや巨大な帽子を被った人の群れでよく見えないが、パレードの会場への入り口へと続いているはずである。会場の中は一つ前の出番のクラブがパレードの真最中で、そのチームのテーマ曲が頭上のスピーカーからガンガン鳴っている。スタンドの見物客の熱気もズンズン伝わってきて、スタンバイをする我がチームメートの雰囲気も一段と盛り上がる。チームメートと言っても3000人を超える大所帯なのだから、実際には20人から50人ほどの連に分かれていて色はピンクと緑に統一しているものの、衣装の姿形は連ごとにユニークさを競っていて、こうして全員が集まると壮観である。

山車も西洋や中東の宮殿ふう、神殿ふう、怪獣ふうなど実にさまざまな形をしており、使われる素材もプラスチック、発泡スチロール、木材などをエキゾチック、神秘的、セクシーなどのテーマに合わせてさまざまな形に組み立て、スプレーで華やかな色に仕立て、それを布、レース、紙、羽根などありとあらゆるもので飾り立てている。アメリカはラスベガスあたりのホテルのショーの舞台そのままを晒した感じだ。いや規模から言えば、その何十倍はあるだろう。

スタンバイをする間にも身近な者同士が小さいグループでそれぞれおしゃべりに興じている。大体は同じ連の仲間同士なので、同じ衣装を着けている。すぐ近くの道の脇には飲み物、果物、スナックなどの売店があって、ここもてんやわんやの大混雑。仮設のトイレがいくつか立っていて、こちらもキンキンキラキラの衣装を身に着けた人たちが出たり入ったりして忙しい。こんな様子を見ていると、妙なもので大晦日の日本の紅白歌合戦の楽屋というのもこんなものなのだろうかなどと想像してしまう。それにしてももう深夜1時を過ぎている。まだわがチームの出番という雰囲気もない。どうも前のチームのパレードが遅れている様だ。

やっとチームのマネージャーのような人が来て、全員で合わせて踊る部分についての指示があった。

「テーマ曲のこの部分では女性が回って、男性はそのままジャンプ」、

「この部分では全員が拍手をしながらこういうステップを踏む」などという指示があって、

何度かリハーサルをするものの、あとは自由。何ともあっさりしていて大雑把。この大らかさが実に大陸的というかブラジル的でいい。日本でこんな場合はきっと、リハーサルに次ぐリハーサルで失敗のないように真剣にやるところだろう。それも良いけど、やはりカーニバルの目的は楽しむこと。これに尽きる。変な深刻さや、悲壮感はリオのカーニバルとは無縁である。好きだな、この大らかなラテンのノリ。

さらに約2時間ほど待たされて、やっと待ちに待った「スタート!」の掛け声。体勢を整えて前に向かって歩き始めると、こんな場面でのアジア人の顔はよほど珍しいと見え、周囲のダンサーたちから

「日本人なの?」

「珍しいね!」などと声が掛かる。

ちょっといい気分。すると、突然近くの40代半ばくらいの小柄で化粧の濃いおばさんが、

パレード

イザ、出陣!

「ワタシ、日本語ワカル。日本人ダイスキ！　オニーサン、イイオトコ、オカネチョーダイ！」

「シャチョウ、オカネ、オカネ！」と訳の分からないことをこちらに向かって叫んでいる。どこのバーで覚えた日本語か知らないが、目一杯盛り上がった雰囲気が一気に冷めてずっこけそうになる。返事を戸惑っていると、私の仲間たちが興味津々で
「ハル、あの人は日本語が話せるの？　何て言ってるの？」と聞いてくる。

まったく、みっともないったらありゃしない。

そんなこんなのうちにやっとゲートが開き、先頭からパレードが始まる。ゲートの両側のスピーカーは早我らがマンゲイラのテーマ曲をガンガン流している。それに合わせて皆で習った歌を歌い出すと、気分は最高潮！　激しいドラムのビートが鳴り響き、数万人はいると思われる両側の観客席から「ウォー！」という歓声が襲い掛かる。すっかり観光客気分でいる自分だったが、この観客の声を聞いて改めて観客ではなくダンサーとして参加している自分なのだと気づく。何とラッキーなんだろう！　帽子に隠しておいたカメラで周りを素早く撮影！　そこはやはり「日本人観光客」なのだ。

観客もご贔屓のチームのテーマ曲はすでに習っていて、すでに大声で我がマンゲイラのテーマ曲を大合唱しながら我々ダンサーを迎えてくれる。ギラギラのライトが「ワ！」と

目に飛び込んできて、一瞬目が眩む。が、これこそ待ちに待った瞬間。周りの友人たちも元気一杯だ。「それ行け！」とまずは単純なジャンプでピョンピョン跳ねるところからだ。会場の両サイドは、最後部で約10メートルの高さはあろうかと思われる観客席が直線で1キロほども続く。数万人が歌い、踊る熱気とエネルギーは物凄い！　会場全体が揺らぐ様である。パレードの会場の幅は20メートルもあるだろうか。踊りながら観客席を見ると、意外と観客の様子がはっきり見える。目を凝らせば、顔や、服装、飲んでいるものまで分かりそうだ。あちらも観光客だろうが、何を隠そうこちらも観光客である。観光気分でのパレードだ。前の方の観客席はテーブル席になっていて、テーブル上のピンガのグラスやコーラのビンまで見える。いい席を取って、うまい酒を飲み、好きなサンバの音楽に合わせて体を動かしながら、目の前を華やかでセクシーな姿で練り歩くサンバチームを満喫する老若男女の幸せな顔がはっきり見える。

こちらは俄仕立てのサンバダンサーとて、テーマ曲も全部を覚えた訳じゃなく、分からない部分は口パクである。夏の夜空の下、十数メートルの頭上でギラギラ光る数十のライト、耳をつんざくサンバのドラムと歌、目一杯の趣向を凝らした衣装で踊る数千人のパレードのダンサー、次から次へと続く山車、そして、数万人の観客の歓声とどよめきと溢れるエネルギー、これこそ紛れもない世界に誇るリオのカーニバルだ。

世界中のメディアがこの様子を伝えようと先方の頭上ゲートの上、左右の客席の近くなどあちこちでカメラのフラッシュを焚き、大きなTVカメラを抱えて良いシーンを狙っている。大きな声でアナウンサーが叫ぶように放送しているのもよく聞こえる。「日本のメディアも来ているんだろうか？」、「ひょっとしたら、こんな格好で踊っているのを映されちゃうのじゃないだろうか？」、「日本のニュースで映されたりしたら、恥ずかしいぞ」などと半分怖いような、半分期待するような思いで、こちらから覗き込んでしまう。

何しろ、数千人が踊るのだ。最後の連がパレードを終わるまでには約2時間以上はかかっただろうか。夢中で、歌い、踊り、飛び跳ねているうちに出口のゲートに到着。あっという間に出口についてしまったような気がするが、体はくたくた。腰は痛い。足も筋肉痛。出口付近はパレードが終わった仲間たちが興奮も冷めやらず、まだ、飛んだり跳ねたり、おしゃべりなどして余韻を惜しんでいる。

出口ゲートを出てアニカと歩いていると彼女の妹の姿が見えない。スウェーデン人とあって女性といっても180センチの長身だ。すぐに見つかると思ったが、何せ数千人が大きな帽子を被ってごった返している中のこと、やはりそうは簡単に見つからない。大衆に紛れて他の仲間とも逸れた様だ。まあ、どうせ帰るアパートは分かっているのだからとアニカと二人で衣装のまま、地下鉄に。道すがら、通行人や地下鉄の乗客が「ビーバ、マンゲイラ！」と声を掛けてくれる。皆、じつにフレンドリーだ。空も大分明るくなって来た。

やがて、数駅を地下鉄でやり過ごして、昨夜、皆で衣装を着け、気勢を上げたアパートの前に到着。もうすっかり朝の涼しく清清しい雰囲気。何だか場違いの衣装。アパートの前について、ハタとドアの鍵がないことに気づいた。どうしよう？　空腹でもあったし、仕方がないので、近くのバールで立ったまま、コーヒー、ミルクとパンで朝食。周りの客はこちらの衣装でマンゲイラとすぐ分かり、

「いい衣装だね！」、

「昨日は良かったね！」、

「今年はマンゲイラがチャンピオンだね！」などと気さくに話しかけてくれる。しばらく、そこで胃袋を満たし、時間を潰してまたアパートへ。まだ、鍵が閉まったままで、誰も帰って来ていない様である。もう少し時間を潰す必要がありそうだ。

仕方なく、歩いて2―3分くらいのイパネマ海岸に出て散歩することにした。砂浜は夏の朝日を映すまぶしさとまだ涼しい空気、寄せては砕ける波のしぶきでやや煙っている。休日の朝とて、多くの人たちがジョギングを楽しんでいる。実に健康的な絵になる雰囲気。そこに、場違いなカーニバルのピンクの衣装を着けた二人連れの登場という訳である。一人はブロンドの美人、そして、もう一人はアジア系の男性。それぞれあまりブラジル的ではない。こんな明るいところに出るとちょっとチンドン屋っぽい格好ではあるが、昨夜からずっとこれを着ていたので、慣れっこになってしまい、恥ずかしいより、むしろ、自分でも面白がっている。

海岸辺りを二人でゆっくり散歩すると、前からやって来るTシャツ短パンのジョガーたちから、

「オー、マンゲイラ、昨日は良かったよ！」と声がかかる。嬉しさに手を振って「オブリガード（ありがとう）！」と勢いよく答える。

しばらく歩くとまたジョガーが来る。今度も飛びっきりのスマイルを投げかけてくれる。この思いがけなく、面白く、楽しい展開にアニカと目を合わせてはお互いに微笑んでしまう。

すると、今度はいかにも観光客然とした初老の白人カップルがゆっくりと散歩をして来る。色の白さや服装から北米のカップルらしい。カーニバルの格好をしたカップルを見つけて、ちょっと興奮気味になり、「オー」と大きな喜びのジェスチャーをしてから、「写真を一緒に撮らせて下さい」と近づいて来た。もちろん、「ＯＫ、ＯＫ」と二つ返事。こちらも観光客の身、その心理はよく分かる。でも、まさかリオの海岸で出会ったカーニバルのカップルが一人はスウェーデン人、一人が日本人とは想像していまいと思い、その点は言わずにおいた。

しばらくの後、例のアパートに帰ると、今度はやっとドアが開き、中に仲間たちが元気な顔で休んでいた。昨晩のお互いの健闘を称えあい、衣装を脱いで、ベッドに横たわる。さすがに、疲れがどっと出てたちまち寝入ってしまった。

今、思い出しても楽しさが蘇る私の人生の中の一大イベントであった。

カフェ「イパネマの娘」

東ベルリンに住むペンフレンド

1988年の東ドイツ

37歳の夏。ブラジルから帰国して数年後、ヘッドハンター企業の紹介で英系の銀行に転職することになった。新しい職場での勤務が始まるまでの隙間を狙った約2週間の日程で、これまであまり縁がなかったヨーロッパを体験したくなった。

今回は出張やパッケージツアーではなく、すべてを一人で計画、実行する気ままな旅行で、これは学生時代のアメリカ一人旅以来17年振りである。しかもヨーロッパへの旅行は初めてだ。さて、どこにしようか。白夜とバイキングの北欧、世界を支配した大英帝国、芸術文化のフランス、古代ローマのイタリアなどそれぞれに興味は尽きないが、ふとベルリンが頭を過《よぎ》った。

戦前のデカダントな繁栄と戦後の東西分断の悲哀の街、そして資本主義と社会主義が壁を隔てて同居する街。テレビでこの街とそこに住む人々の生活がある日突然真二つに割かれた悲劇は幾度となく見たが、そのたびに言われぬ悲哀を感じて一度はぜひ訪れてみたいと考えていた。ドイツの統一が成就した今になって思えば、不謹慎な言い方ではあるが、その前にこの人工的な一つの線で、まったく異質な二つの街が対峙している様子が見られるうちに訪れることができたのは幸運だったと思っている。

西ベルリンは米英仏の戦勝三カ国の管理下にあり、ベルリンへは自国の航空会社ルフトハンザの乗り入れがなく、最初に訪れたコペンハーゲンからはハンブルグでアメリカの航空会社パンナムに乗り換えての到着であった。思わぬところでいきなり日本と同じ敗戦国の「悲哀」に出くわし、思いは早ベルリンの壁に。

飛行機は東ドイツの上空を飛び、夜の8時過ぎに西ベルリンのテーゲル空港に到着。「気ままな」一人旅のはずだったが、現実には移動のたびにホテルの確保と次のフライトの再確認をする必要に追われ、のんびり楽しむ余裕などないままに外国人用観光案内所や関係航空会社のオフィスを探して見知らぬ街を右往左往。貴重な滞在時間の大半はこんな事で費やしてしまった。

ま、初めから覚悟の上といえば、それまでだが。

それでも、今回の旅行については以下のような事情で実に貴重な体験ができたことは確かだ。

【ペンパル】

この旅行の10年ほど以前からとある若者向けの国際ペンフレンド協会を通じて私は東ベルリン在住の同年代の男性と文通をしていた。鉄のカーテンの向こう側で暮らす人と言う珍しさもあって年にほんの数回程度の細々とした文通ではあったが、何とか切らさずにいた。共産圏の人の生活とはどんなものであるか、西側の国々をどう思っているのか、同年代の人はどんな夢を持って暮らしているのか、学校、会社、仕事の様子などいろいろと興味は尽きなかったが、社会的なことや暮らし振りについての詳細はあまり語ってくれなかった記憶がある。もちろん、微妙な政治的な話などが論外であることはさすがに私も認識していた。時折り届く封筒の裏に名や住所が書いてなかったことも印象的で、西側世界の人との文通には用心が必要なのだろうことは容易に窺われた。「そうだ、この機会にこの人を訪ねてみたい」と思い、思い切ってベルリン行きを決めた。

出発の日、小さいカラフルでお洒落な文房具を手土産に持参して成田に向けて出発はしたものの、こちらの勝手な都合で今回の旅行を決めてしまい、相手の都合を確認する時間がないままに出発することになってしまったことがやや気掛かりだった。

【西ベルリン】

ベルリンではとりあえず壁越しに見るブランデンブルグ門など大まかな観光スポットを回り、地下鉄の路線や中心街の様子などには慣れた。西ベルリンは街のショーウインドーや店頭に並ぶ商品も華やかで色や形もバラエティーに富み、大都会東京から来た自分から見ても素敵な街である。道行く人もファッショナブルな服装の人からTシャツにジーンズと言う西側お決まりのラフな格好の人まで、実に様々である。
そこで、いよいよ東側へ行って見ようという気になった。東側はどんな様子であろうと怖いもの見たさで興味津々だ。

三日目の午後。日本のパスポートで東ベルリンに行くには日帰りであればビザ不要であることや地下鉄のどの路線が東側に行けるのかなどを地図で確認。そんなこんなで時間を取られ、やや夕方近くになってしまったが、ヨーロッパの夏は日が長い。大丈夫だろう。いざ出陣！

東ベルリンに行こうと言うだけでもう緊張感で凝った肩を手で揉みほぐしながら、ホテルから近い地下鉄駅へと足を向ける。地下鉄では乗客に対する信頼からか、切符は買うものの改札がない。無賃乗車をやろうと思えば簡単だが、発見された場合は罰金が大きいそうだ。駅の周辺はいろいろな店が並び看板の文字や通行人の出で立ちからヨーロッパの雰囲気だと言う以外には特に東京や大阪の地下鉄風景とさして変わらない。車内でペンパルの名前、住所、日本からの土産など忘れ物がないかを点検。
線路はやがて地上に出て、周りの景色も楽しめる。次のツオー駅、ティアーガーテン駅などは特に変哲もない駅で、乗客も老若男女自由に出入りしている。そして、次はいよいよ終点のフリードリッヒシュトラーセ駅。この路線でこの駅だけが東側にあり、ちょっと緊張と好奇心が入り交じって、身を硬くする。

東側への境界となっているシュプレー川を越えると東独である。この一つ前のティアガーテン駅を過ぎると、同じ電車でありながら車内の様子が一変した。気がつけばいつの間にかカラフルな出で立ちの若い人や子供連れの親子の乗客が消え、車内は身なりも地味で物静かな佇まいのお年寄りばかり。皆一様にぎっしりと中味の詰まった大きなスーツケースや袋などを引いたり、抱えたりしている。顔も無表情で、感情のないような生活臭を漂わせている。スーツケースや袋はいかにも重そうで気の毒な位である。能天気な観光客然とした自分の存在が何かその場の雰囲気にそぐわず、何だか申し訳ないほど。

これは一体どうしたことかと考えて、思い起こすことが一つあった。確か60歳を超えた東ベルリンの市民には西側への通行許可が出るとのことであった。それで、西側で家族の分の買い物を目一杯済ませたお爺さんやお婆さんが満杯になった買い物袋やバッグを抱えているのであった。東側で不自由をしている家族のために、繁栄を謳歌する西側に出て重いものを運ぶお年寄りの心の内は如何ばかりか、失礼ながら同情を禁じ得ない。

川を越える鉄橋の半分を過ぎると東ドイツ領内となる。そのあたりから鉄橋の100メートルか200メートルごとに厳しい監視塔が現れる。ちょっと見には、火の見櫓《みやぐら》を連想させる鉄骨の櫓であるが、薄黒い鉄骨の上では銃を持って双眼鏡でこちらを覗く武装警官が見えて、背筋に冷たいものを感じる。そう、まさにこちらは万一の場合の攻撃対象なのである。川の西側はごく普通の平和な川の堤であり、木の緑や花の中で散歩する市民の姿が見えるというのに、反対側ときたら無粋《ぶすい》な灰色の壁がずっと川に沿って続いていて、その後のレンガ作りの古い街の景色を汚している。鉄橋を渡り切ると、線路の両側の建物もくすんでいたり、壁が剥がれていたりで明らかに川の向こうとは世界が違う。経済格差がまざまざ。

【東ベルリン】

やがて、電車は終点のフリードリッヒシュトラーセ駅のホームに滑り込む。ここはこれまでの地下鉄の駅とは大違い。まるで、長距離列車の終点といった雰囲気。ホームの上に売店があり、アメリカのタバコや各種の高級酒などを売るいわゆるドルショップになっている。つい一駅前までなら、気にも留めないような商品を大事そうに売っている。「ああ、やはりここは共産圏なのだ」と実感。中国の友誼商店を思い出す。
そんなことに気を取られ、他の人よりやや遅れて構内に入ると、税関の前には重い荷物を持ったお年寄りたちが早長い列を作って入国手続きを待っている。列の先はと見ると、窓口には「ＤＤＲ」と書いてある。これは「東ドイツ」と言う意味だ。皆、静かでじっと順番を待っている中、何だかそこはかとない息苦しさが漂う。「ＤＤＲ」の隣には「ＢＲＤ」と言う窓口があり、これは西ドイツからの訪問者専用。そして、もう一つ外国人専用の窓口がある。すでに、夕刻と言うこともあってこれらの二つは空いている。もちろん、三番目の窓口へと進む。こちらには先客なしのストレート。

早速、パスポートの提示を求められる。入国手続きの役人は金髪碧眼の青年。端正な顔つきであるが、こんな時間に東ベルリンを訪ねようとする外国人の素性を窺うその目は眼光鋭い。まるで犯罪人でも見るような食い入る目でパスポートの写真と本人の顔を見比べるその深刻で厳しい無愛想な態度は、西側の国への旅行では経験しない。何も悪いことをしていないはずの自分が何だか罪を犯しているかのような妙な不安や不快さを感じる。我々はこの国では歓迎されていないどころか迷惑がられているのが分かる。何だか、この重厚な雰囲気に呑まれて怖気づいて帰りたくなってきた。

しばらく待てと言う指示で、しばらく待つ。この間、パスポートを取られていると言う状況に何だか急に心細くなり、一瞬この国から出られなくなる様な妄想に襲われて、すっかり弱気になってしまった。自分のパスポートに何をしているのだろう。コピーでもされて、不審者リストにでも載せられているのか。入国の目的に関して厳しい尋問でもされるのだろうかなど不安は募るばかり。心臓の鼓動まで早まる。

15分ほど経っただろうか。状況に変化はない。心臓の鼓動が高まる。過剰反応ではあろうが、ああもう耐えられない。不甲斐ない自分に情けなさを感じながら窓口に行き、入国はキャンセルして引き返したい旨を申し出た。すると、怪しがる様子もなく、あっけないほどすぐにパスポートを返してくれた。好奇心だけの観光客なんか本当に歓迎されていないのだ。安堵感と敵前逃亡の様な恥ずかしさを抱えてホームに戻り、西側に帰る電車に乗り込む。一度安心すると現金なもので、こんな負け犬のような形で尻尾を巻いて逃げたのでは男が廃る気がする。「よし、明日また気持ちを持ち直して再挑戦だ」と薄暗くなった西ベルリンへと戻る。

さて、翌日はジャムトーストとコーヒーで軽く朝食を取り、昨日の経験で少しは事情が分かったフリードリッヒシュトラーセ駅へと向かう。昨日と違って、朝の明るい太陽も味方だ。事情は分かっていると言っても、やはり、例のホームを降りて入国手続きをする際の張り詰めた雰囲気には緊張を禁じえない。昨日の風景と大分違うのは、午前中と言うこともあってか、荷物を持ったお年寄りの姿がない。むしろ、自分のような観光客風の人が目立つ。そうか、昨日は時間を誤ったのだ。

二度目でもあり例の入国審査官の射るような視線もさして気にならず、無事にパスポートも返してもらい、次の税関審査へと進む。税関審査と言っても日帰りの訪問であり、特に手鞄の他には荷物はない。ここでは女性の審査官が待ち構えていて、それこそポケットのごみでも見逃さない程の厳しい検査。手鞄は無論、財布の隅々、ポケットというポケットはすべて中をひっくり返して検査。物が隠せると思われるものは決して見逃さない。

この時、「ドキッ」とすることがあった。それは前述のペンパルの名前と住所を書き留めた小さい紙片である。忘れない様にと自分用に書いておいたものだが、ポケットの奥にあったものを見つけられてしまった。

「これは誰か?」との質問。

「あ、これはマズイのかも」と心はパニック状態。さりとて、咄嗟に嘘は出てこない。

「ペンフレンドです」とマズイマズイと冷や汗をかきながら答えてしまう。

女性審査官は早速その紙片の名前と住所を何かのノートに写しているではないか。ああ、このペンフレンドにとんでもない厄災が降りかかるのではないかと言う不安と無責任なことをしたと言う自分の軽率な行為に罪悪感が過る。

しかし、そんなことに狼狽《うろた》えている間もなく、次には持ち金の検査ということで持ち合わせている現金を全部見せろという。これも全部申告して、やっと無事に入国ＯＫとなった。共産圏の国の出入国管理の厳しさの尋常ならざることは中国旅行の際に垣間見ていたが、そのときは団体旅行であり、今回初めてその実態を実感した。言われぬほど不愉快なものである。

やっと駅を出て、壁のこちら側東ベルリンの空気を深呼吸してみる。ともあれ、まず先立つものが何より必要と銀行を探す。駅前の広場をぐるりと見渡すとすぐ先に両替所らしいものがあり、10人くらいの列ができている。後ろについて順番を待っていると、スカーフを被りちょっと化粧の濃い30代半ばほどの女性２人がニヤッと怪しい微笑を見せながら近づいてきた。警戒して身構えていると、小声で闇レートで西独マルクを売って欲しいと言う。正式レートの倍は出すと言う。こう言われると俄かにさもしい根性が湧いてきて、二つ返事でＯＫしてしまう。建物の陰に廻って現金を交換していると、その秘密めいた雰囲気を感じたのだろうか、小学生くらいの少年が訳知り顔で覗き込む。なにせ子供が自分の親を平気で告発するという共産圏の国である。後ろめたさも手伝って、妙にビビってしまう。どうも必要以上に神経質になっているようである。

何はさておき、まずは地図が必要。見ると、広場の一角に新聞スタンドがあり、運良くベルリンの地図を買うことができた。開いてみると、壁の向こう側にあたる部分は白地になっていていかにも無関心に見える。外国なのだから当然と言えば当然なのだろうが、同じ国民同士が壁を隔てて生活していることを考えると、政治の為せる業の罪は深い。

早速近くのベンチに座って自分がいる地点とペンパルが住む場所の確認である。およその位置は掴めたので、とりあえずはすぐ近くの分断の象徴であるブランデンブルク門へと足を向ける。先程まで居た西ベルリンとこんなに近いというのに、街の雰囲気は一転。地味で、活気がない。店や人が少ないので華やぎがない。それに先ほどから妙な臭いが漂っている。いかにも堅苦しく旧式な東独製の車トラバントが排ガスをまき散らしながらすぐ側を走り抜けて行った。そうか、ガソリンの質が悪いのだ。

しばらく歩くと、ブランデンブルク門が前方に見えてきた。この門の正面は東を向いており、上部の馬車や女神の彫刻がこちらを向いているので良く見える。元々は凱旋門なのだろうから壮麗な門である。昨日、自分が壁の向こう側からこの門を覗いた見物台から、今日もこちらを覗き込んでいる西側の観光客の頭が見える。こちら側では門からの前数十メートルは立ち入り禁止区域になっていて、その中を銃を持った兵士が警備をしている。そんな様子を見ている自分の左右では数人の人たちがちょっと寂しげな表情で手前の鉄柵にひじを掛けて、話すこともなくぼんやりと壁の向こう側を見ている。壁の向こうには遊園地の大きな観覧車が見え、いかにも楽しそうな雰囲気が伝わってくる。自分の様な一介の外国人がこんな風に自由に壁を越えて行き来しているのに、それを一番欲しているはずの地元の人がこうやって反対側を眺めて溜息をつくしかないのは残酷な話で、観光客然としてそんな様子を他人事として眺めている自分にちょっと罪悪を感じる。

西側より

東側より

何はともあれ、「腹が減っては戦ができぬ」。まずは、近くで見かけたレストランに入る。広い割に飾り気がなく、地味なテーブルに椅子が揃えてある。人も疎《まば》らな店内の佇まいもウェイトレスの態度にも西側の様な愛想はないが、まあまあの味のステーキで何とか腹ごしらえ。食べながら地図で現在地に近い駅名と目的地に最寄りの駅名を確認。レストランを出ていよいよ駅へと向かう。今度は地下鉄ではなく、地上を走る鉄道である。切符の自販機の側で勝手が分からず戸惑っていると、親切な若い二人連れの女性が声を掛けてくれ、手伝ってくれた。20歳前後か、屈託のない様子がとても感じがいい。日本からの観光客だと言うと、「わー！」と大いに珍しがって途中まで一緒なので案内をしてくれると言う。渡りに舟とはこの事だ。電車に乗り込んで席に着くと、

「東京ってすごく混んでいて、テクノロジーが進んでいるって本当？」、

「そのウォークマンでどんな音楽を聴いているの？」、

「若い人は世界のあちこち旅行するの？　羨ましい！」など、彼女たちの興味は尽きない。周りの席の人達もベネトンの派手な色の上着にジーンズ姿の自分を見れば、即、西側の人間と分かるらしく、好奇の視線を送ってくる。およそ好意的な視線ではある。入国の際の冷たい扱いの記憶が新しいだけに、街の人の優しさと若者の人懐っこさは西も東もなかったと嬉しい反面、あの官憲の様子から推測される彼らの日常生活の窮屈さが思われて気の

毒な感じがする。

話が弾んでいるうちに電車は順調に進み、やがて次が私の乗換え駅だと言う。別れ際に、お礼にと日本から持ってきた女の子が喜びそうな可愛いボールペンをあげると、「わー、色がとっても可愛い！」と言って喜んでくれた。次の駅で乗り換えると、そこから4―5駅で目指す駅となった。国境を越えてしまえば、こちらも各駅の様子はごく普通だ。


時計を見ると午後4時半。さすがにまだサラリーマンが帰る時間ではないと思って喫茶店を探す。その辺をしばらく歩いて思わず苦笑い。そうか、ここは共産圏なんだから、そんな便利に喫茶店はないんだと一人で合点。じゃ、とにかく住所まで行ってやれと歩き出す。意外と簡単にアパートは見つかった。小奇麗な10階建てのビルが何棟か並ぶうちの一棟だ。芝生の中をコンクリの小道が道路から建物の入り口へと続く。入り口付近には三輪車や自転車が無造作に置いてあり、生活臭は東京の団地とさして変わらない。低木の植え込みの外の道路には時折バスが止まって、勤め人らしい人が吐き出されてくる。もしかしてと思い、恐る恐るエレベーターに乗って目指すアパートのドアの前に立つ。表札には確かにペンパルの名前がもう一つ別の名前とともに記されている。

ついにやった！と思うものの、興奮と不安で心臓はドキドキ。何せ相手は私が目の前に来ているなど想像もしていないはず。フーっと深呼吸をしてからドアをノック。

「トントントン」、

「……」、もう一度、

「トントントン」、

「……」

返事がない。まあ、帰宅時間にはまだ早い。コーヒーでも飲んでもう少し時間を潰そうと外に出て、またまた苦笑い。「喫茶店はないいんだよ！」と自分に言って聞かせる。約30分ほど建物の周りで時間を潰していたが、観光スポットでもない所で一見して西側から来た人間がうろうろしていると近所の住民に怪しまれるのではないかと心配になってきた。むしろ、建物の中で待った方が良いのではないかと思い、再びエレベーターまで足を向ける。

再びエレベーターに乗り込み、先ほどのドアの前に立つ。そしてノック。

「トントントン」、

「……」、
やはり返事がない。どうしようか。考え込んでいると、先ほどと違ってどうも室内に人が居る気配がある。「ん？」今度こそは、と再びノックするが、やはり返事なし。でも、中に人がいる気配は濃厚である。どうして顔を出してくれないのか。相手は誰が訪ねて来ているのか分からないのだから、問題がある人なのかどうかは分からないはずである。ひょっとして、昨日の紙片？

こんなことを考えていると、もしかしたらドアの前に居るのに挨拶ができない程の不祥事を自分はしているのではないかと、頭が混乱してきた。意を決してもう一度ドアを叩くが返事なし。

仕方あるまいと諦めつつ、せっかく持って来たのだからと、小さい紙片に短いメッセージを書き、可愛いボールペンのお土産を添えてドアの下において駅へと向かう。道すがら、「どうして？」「なぜ？」と頭の中に疑問が渦巻く。途中まで歩いたところで、もうチャンスはない、せっかく東京から来たんじゃないかと、最後にもう一度だけトライして見ようと思い直し、踵を返してまたまた先ほどの建物の前。時間はすでに6時半ほどになっている。北部ヨーロッパの夏のこと、まだ、真昼の明るさである。エレベーターのドアが開き、先ほどのドアの前に立つ。

「ない！」先ほど残したメッセージとプレゼントがない。何だか嬉しくなり早速ドアをノック。今度は、誰が訪ねて来ているのかが明白なはずである。もう一度ノックをすると、中にいる人の心の動揺が伝わってきた。やはり、ドアを開けられない理由があるのだ。

急に、薄気味悪さと罪悪感に襲われて背中がぞくぞくしてきた。もう結構、こんな訳の分からない国はもう沢山と逃げるように駅までの道を一目散。混乱、気味悪さ、相手にとんでもない災いをもたらしてしまったのではないかと言う不安などぶつけ様のない怒りで夢中のうちに、フリードリッヒシュトラーセ駅に着く。

さっさと西側に戻ろうと電車の切符の自販機の前で財布を出して、はたと困った。ここに来た時に両替したお金がほとんど残っている。しかも、闇で交換したお金だ。出国の際に検査されて闇両替の事がばれるとどんな罰が待っているか分かったもんじゃない。ひょっとしたら、逮捕なんてこともあるかも知れない。

「使わなければ!」、「全部使わなければ!」と焦って駅の周りを見渡すが、相変わらず店らしい店などない。おろおろと周辺を歩き廻り、やっとキヨスク風の小さな店を発見。若い女性が一人で店番をしている。どんな商品があるか目をこらして見るが、買いたい様な品がない。地味で安っぽい日用品ばかり。しかも、値段が安い。普段なら安いことは嬉しいのだが、こんな時に限ってはその反対である。一番高いものはキューバ製の葉巻だと言う。仕方なく5―6箱買っても、まだいくらかお金が残る。東ドイツ製のビスケットがあったので、職場へのお土産に良いと思い、大きめの箱詰めを4箱買う。これでお金がほとんどなくなったと喜んでいると、店員は今買った品物を無造作に新聞紙で包んで「はい！」とこちらに手渡す。包み切れなくて中身がはみ出しているが、スコッチテープなどで留めてくれる気配もない。洒落たビニール袋を期待するなどはとんでもない思い違いで、店員はこちらの慌てている様子に頓着する様子もない。中国でのことを思い出し、再び社会主義の現実を学ばされた。中身がこぼれない様に両手で新聞の包みを抱えながら、帰りの切符を買う。何とも情けない格好で出国検査の窓口へと進む。

【再び西ベルリン】

日本のパスポートのせいか出国の検査は呆気ないほどに簡単で、結局、財布の中身など全然チェックされなかった。あの苦労は一体何だったのだろうと気が抜ける。

すでに見慣れたホームに上がり西ベルリン行きの電車の席に着くと、何とも言えない解放感と喜びが湧き上がってくる。奇妙な幸福感である。自分の属する社会の素晴らしさと自由さがシミジミと感じられる。ふと周りを見れば、自分と同じ様な観光客の人たちがやはり同じような安堵感に浸っている様子である。やはり、自分と同様の経験をしてきたと見え、お互いの目を見るや自然に会話が始まった。

一人はアメリカ人の若者で、一日観光で東ベルリンに来たとのこと。たった一日の滞在だったのに、まるで刑務所にいる様で息苦しく、この電車に乗った瞬間はまるで刑務所からの脱走に成功したような感じだと言う。自分もまったく同感だったので、二人で手真似だけで乾杯。「ビーバ、資本主義！」。

他には、やはりアメリカ人の初老の団体。これまた、観光で東側に入って見たが、ホウホウの体で戻って来たらしい。やがて電車が動き出し、西側への境界を越えた瞬間には自然に全員から「万歳！」の声が上がった。この人たち皆がそれぞれにユニークな「社会主義体験」をして来たに違いない。やがて、電車は何ごともなかったかの様に西側の駅に滑り込み、私は「貴重な」葉巻とビスケットを大事に抱えて無事にホテルに帰った。

実は、この話には後日譚がある。後日分かったことなのだが、例のペンパルは私の訪問のちょっと前に西ベルリンに住む親戚への訪問の許可が下り、西ベルリンに来たまま亡命してしまっていたのであった。私のメッセージとお土産を受け取ったのはその人のルームメートで、メッセージを見た後に西ベルリンの彼に電話で連絡をしてくれたとのことだった。何ということか、二人とも同じ西ベルリンに居たのだ。勝手な振る舞いの結果は、所詮こんなものなのだろう。少なくとも、彼に厄災が降り掛からなかったことは大きな安心であった。結局、ベルリンの壁が壊れた時の話などを聞いてみる機会もないままに、いつか連絡も途切れた。

タイでダイビング

1990年のタイ

1990年だったろうか、休暇を利用してダイビングのライセンスを取ったばかりの在日アイルランド人の友人のピーターとタイのプーケット島に旅行しようと言うことになった。

【プーケット島】

プーケット島は、ダイバーたちに人気の世界的な観光地だけあって、この熱帯の島を取り巻く白砂のビーチは強い太陽の日を照り返して眩しく、美しい。光る様な白い海岸はいかにも熱帯地方のもので、火山国で温帯にある日本の地味な灰色の海岸には望むべくもない羨ましい風景である。日本でも沖縄辺りではこの様なビーチがあるらしいが、未だダイビングで訪れる機会に恵まれていない。

プーケット島の空港からタクシーでホテルが立ち並ぶ観光地区に向かう。一大リゾート地だけあって照り付ける太陽を映して濃い緑の中に散在するホテルも美しく、予約したホテルの建物も部屋も涼し気に誂えられていて居心地が良い。

加えて、大の果物好きな私にはパパイヤ、マンゴー、パイナップル、スイカなどいろいろな果物のジュースが安く飲めるのも熱帯地方への旅行の大きなメリットだ。タイで果物と言えば、私はドリアンが大好物である。と言うと、友人たちの多くは、「えー！　あんな臭いものが好きなの？」としかめ面をして呆れる。匂いが強烈なので嫌いな人は近づくだけでも逃げ出したいのだそうだが、どういう訳か私には嫌な臭いではない。

もっとも、私の嗅覚には妙な点があって、通常人が嫌う匂いがそれ程嫌ではないことがままある。子供の頃、まだそれほど多くの自動車が走っていない田舎の道路を歩いている時にたまたま車が通ると、排ガスが残っている所にわざわざ行って匂いを嗅いだものだ。そんな話をすると当時も人には気味が悪いだの、趣味が悪いだのと言われるだけだったが。

【ダイビング】

さて、話が逸れたが肝心のダイビングである。集合時間の午前10時過ぎには指定の船着き場に総勢12人ほどが集まっている。やはり、欧米人が多い。ワクワクしながら船に乗り込むと、船は早速スピードを上げてやや沖合のダイビングスポットに向かう。

南国のじりじりと照りつける太陽の下、見事な紺碧の海の表面をエンジンが唸りを上げて白く切り裂いて進む。顔に当たる潮風も心地良い。ノリよく「ヤッホー！」と声を上げてはしゃいでいたのは良いが、しばらくするとどうしたことか段々と進むにつれて胸の具合が怪しくなってきた。「うむ？」子供の頃から修学旅行のバスの中で車酔いに苦しむ何人かのクラスメートを尻目に窓の景色やガイドの説明や歌などを十分に楽しむのが常であった自分なので、この胸のむかつきには一瞬戸惑ったが、明らかに船酔いである。

「オー・マイ・ゴッド！」

船が波を切って猛スピードで動いている間は、できる限り遠くを見ていればまだマシなのだが、一度スピードが緩むと船が揺れて忽ちむかつきが増す。ようやくダイビングスポットに到着すると、停泊した船は忽ち波に揺られて上下に激しく揺れる。

「スポットに着きました！」

とガイドさんがダイブの準備を促すのだが、吐き気がしてとても準備どころではない。なんと、イザと言う時に肝心の体調が最悪。「えー、遥々このために日本から来たと言うのに？？」と頭は納得しないのだが、どうすることもできない。他の人達が大喜びしてタンクを背負い、マスクを着け、呼吸用のレギュレーターを調整して潜る準備を進めるのを尻目に自分は横になって休息。ああ、情けないったらありゃしない。

ダイビングは安全を期してペアになって潜るのが原則で、私のダイブ・メイトのピーターは仕方なくインストラクターに連れられて海に入って行ったようである。皆が一回目のダイビングを楽しんでいる間、自分は船の床に横になってむかつく胸や腹をなんとか宥めようと必死であった。車酔いなどしたことがなかった自分なのに、船酔いは別物なのか。一刻も早く快復しないと午後のチャンスも逃してしまうぞ、と寝そべりながら深呼吸。

しばらくすると、皆が満足そうに船に上がってきた。会話が弾んでいるところを見ると楽しかったことは間違いない。用具を外して休息をしていると、ランチの時間になった。何とか少々食べられるまで快復してきた体を叱咤激励しながら、戦々恐々の思いで午後のダイビングの時間を待つ。少しの間休んでいると船の揺れにちょっとは慣れたのか大分胸の具合も楽になり、ランチ休憩の後にはいよいよ待ちに待った午後のダイビングである。

今度は自分もタンクを背負い、レギュレーターやマスクを装着して準備完了。インストラクターの合図で一斉に海に飛び込む。波がちょっと荒くなったか。船から一本の太いロープが5―6メートルほどの深さの底に垂らされて、それに捕まりながら降りて行けとの指令だ。ザブーンと勢いよく飛び込んだのは良いが、ロープは船尾から垂れているらしい。ところが、我々はどうやら船首から飛び降りたらしく、ロープまで水面を泳いで移動しなければならない。たかが十数メートルの長さの小型船なのだが、波が結構大きい。まして首だけを水の上に出して泳いでいる状態を想像して欲しい。ほんの小さい波でも呑み込まれるほどの大波に見えてかなり怖い。力いっぱい泳いで何とか船尾のロープにしがみつき、ピーターも準備ＯＫであることを確認して、いよいよマスクを着けてレギュレーターを咥えた。３メートルも潜ると海面の喧騒も消え、別世界となる。周辺に熱帯魚を見ながら海中を徐々に進むと、やっとダイビングに漕ぎつけた嬉しさで気分も落ち着く。息をするたびにシューシューとレギュレーターの独特の音がして、いかにも気分も盛り上がる。

インストラクターのジェスチャーによる指示で、日の光が十分で色も鮮やかな魚やサンゴなどが美しい浅瀬の海底の移動を始めた。突然「おー！」だか、「ごー！」だか聞き慣れない音が後ろから聞こえてきたので振り返ると、ダイビング初心者のピーターが感嘆の声を上げていたのだった。なにせ水中なので不気味に響くのだ。

やがて、10分程経過した頃だろうか。彼の様子が変である。海の中なので声は出せないがジェスチャーでしきりに空気メーターを指さして私に何かを訴える様子からどうもタンクの空気が残り少ないようである。え、まだ始まったばかりだし、実際に自分のタンクのメーターを見るとまだ空気は十分である。だが、彼のメーターを見ると確かに空気の残りが少ない。先を行くインストラクターに追いつき、これまたジェスチャーで彼のタンクの空気が少ないことを知らせた。インストラクターは早速メーターをチェックして、確かに空気が少ないので船に戻れとの指示である。「?・?・?・」の気持ちを抱えつつ、先ほどのロープを伝わりながら船に戻る。先ほども言ったが、ダイビングは安全確保のため二人で一つのユニットを作り基本的には一緒の行動をとる。自分のタンクには空気もたっぷりで、さあこれからだ！と張り切っていたのに、これは否応もない。

船に上がって、ピーターになぜ空気がそんなに早くなくなったのかを問い糾す。どうやら、海上で船尾に向かって大波に揺られながら泳いだ際に余りの怖さでレギュレーターを使ってしまい、空気をほとんど使ってしまったらしい。怖さで息が荒く、空気の消費も激しかったのだろう。もともと水泳が得意ではない彼には相当な恐怖だったのだろう。やれやれ。

そんな訳で、今回のダイビングは散々なものになってしまった。午前は自分の船酔い。午後は不慣れなメイトの不手際。十分理解はできるので怒るに怒れない。それにしても、日本であればインストラクターが飛び込む場所をきちんと説明してくれるだろうと思うのに、海外では細かい配慮は期待できないのだろうと改めて日本のサービスの丁寧さを思い起こされた。

そして、帰りの船中。それまでには他の観光客たちとも親しくなり会話も弾んだ。ピーターと私は日本語と英語交じりで会話をしていたのだが、どうも我々の会話を他の人も理解している様子がある。聞いてみれば、偶然にも他の観光客たちは日本在住の人達だったり、日本語が分かる人たちだったりで、何とその場の共通語が日本語であると言ういかにも珍しい事態であったのが愉快でせめてもの愛嬌であった。

アフリカでサファリ

1990年のケニアとジンバブエ

英国系の銀行の東京支店に勤務していた時の話である。ロンドンの本店でコルレス業務といわれる銀行間取引の担当者の会議が開催され、参加することになった。今思えば、ちょっと不思議ではあるのだが、支店長の指令で会議の後にアフリカにある同銀行の支店に挨拶と営業に行って来いと言う。アフリカとはいえ同じ銀行の姉妹店なのだからわざわざ交渉に行かなくても、そうした支店の日本向け取引は同行の東京支店に仕向けられる訳であるから。

そんな疑問は過るが、とにかく通常ではなかなか縁のないアフリカに行ける機会は大歓迎だ。支店長は、ケニアの首都ナイロビとジンバブエの首都ハラレにある支店が良かろうという。ナイロビはまだしもハラレとなるとその名前も知らなかった。ジンバブエは、以前はローデシアと呼ばれていて、南アフリカと並ぶ悪名高いアパルトヘイト政策で知られていた。

アフリカに行くとなると、まず事前に必要なのはマラリアなどの感染症に対処する予防注射があり、帰国後もしばらく予防薬を服用する必要があるらしい。やはり、アフリカに行くのは「大ごと」なのだ。

【ナイロビ空港】

午後の日を眩しく反射する華やかなビルの立ち並ぶロンドンを発った飛行機は予定を少し遅れて翌日の午前1時ごろアフリカはナイロビの空港に着いた。仕事や遊びでこれまでに多くの国を訪れたが、さすがに、アフリカの地に立つのはこれが初めてである。

約10時間におよぶ長旅からの疲れ、眠気、それに大いなる好奇心が入り交じった複雑な興奮の中で窓の外の様子を窺う。「暗いな」、これがとりあえずの印象である。やがて飛行機のドアが開いて手荷物を取り、はやる心を抑えてドアへと歩く。空港としてはかなり地味なランプが低い建物を照らしているが、ちょっと暗い。タラップを降りると、生暖かいそよ風が顔をなでる。つい数時間前までのロンドンの肌を刺すような寒風から逃れられた安堵感と何やら遠い思い出の中にある子供の頃の田舎の夏を思い出させるような妙に懐かしく、優しい暗さ。

空港の職員に促されるままランプの中に地味に浮かび上がる2―3階建ての建物へと向かう。50メートルほどをしばらく歩くうちに目も慣れてきて、後方の滑走路や遠く左右の様子を見やると、低い山の輪郭が遥かにおぼろ気に周りを囲む。静寂の中飛行機が発する機械音と建物へと急ぐやや疲れた乗客の足音が響く。歩きながら、ふと頭上を見る。満天の星。この満天の星の明かりが周りの山々の輪郭を浮かび上がらせている。

何年振りだろう、こんなにたくさんの星がこんなにも輝くのを見るのは。思えば、初めてブラジルの田舎を訪れた際に南十字星を探そうと目を凝らして宝石をちりばめた様な夜空を見つめたことがあったが、それ以来だ。初めて来た場所なのに不思議な懐かしいような感覚にしばらく気をとられていると、「ああ、ついに僕もアフリカの地までやって来たんだ。アフリカの大地に今この足で立っているんだ」との感慨に包まれ、思わず深呼吸をした。

日本の田舎のバスターミナルのような質素な作りの入国審査と税関のカウンターに早歩きで急ぐ人たちの顔立ちや出で立ちを見て再びアフリカを実感。入国審査や税関検査の進行が実にスローペースで時間が掛かり、待合ロビーに出たときは2時近くになってしまった。うわ、もう2時だ。これじゃもうお迎えの人は帰ってしまったのではないか、と気を揉んでいると「Mr. Takeuchi」と私の名前を書いた紙を持ってニコニコ顔で日本人の顔を探している背の大きく、人の良さそうな大きな目の人の姿が目に飛び込んできた。

仕事とはいえ、こんなに遅くまで自分を待っていてくれるその優しさと有難さと申し訳なさが入り交じって大感激。運転手さんに握手し、「サンキュー、サンキュー」と何度もお礼を言いながら、早速、車まで案内してもらう。ホテルまでは約30分のドライブだという。運転手さんにとっても日本人は珍しいと見え、車中では日本のことについていろいろ質問され、その親切心に応えるつもりで丁寧に答える。話しながらも、目は道の両側の景色に興味津々。とは言っても、夜中でもあり遠くにポツリポツリと明かりが白く浮かび、近くでは大ぶりな葉の植物の黒いシルエットが後ろへと過ぎ去って行くのがうっすらと見えるのみ。それでも、まばらな人家や畑、遠くまで延びる低い山が分かり、日本とは違う佇まいに異国情緒にたっぷりと浸る。

やがて、車はアメリカ系ホテルの正面の車寄せに着いた。高い天井のフロントドアからあふれる明かりに照らされる車寄せの周りは濃い緑の大きな葉が夜風に揺れ、色濃い熱帯の花が赤、オレンジ、黄色の彩りを添える。ホテルなのだから当たり前だろうが、長い夜間飛行の後にこんな深夜に見知らぬ土地に着いて、明るく温かいホテルでにこやかな歓迎を受けるのは、やはり心休まり、気持ちの良いものである。

運転手に丁寧にお礼を告げて、送り出す。ロビーでは会社の手配でちゃんと自分の名前で予約が入っていて、フロントの係の女性がにこやかに迎えてくれる。こんな時は、ビジネスでする手際良い旅行の良さと有難さを感じる至福の時でもある。案内された広い客室で落ち着くと急に空腹を覚える。しかし、こんな時間とてルームサービスがある訳もなく、早速、東京から持ってきたミニインスタントラーメンが役に立つ。

【ナイロビの市街】

目覚めて翌日は日曜日。さて、今日は貴重な週末である。日中はどう過ごそうか。しかし、もう9時を過ぎている。せっかくアフリカでの初日、貴重な日曜日なのだから何か特別なことをしてみたいと考えながらロビーへと降りる。幸い、ロビーの片隅にパンフレットに囲まれた観光会社のブースで客待ち顔で座っている中年の女性が見える。「ラッキー！」と勢いづいて早速その席に足を速め相談をすると、昼から半日のサファリツアーがあるとのこと。やや遠くの国立公園まで出かけるベストプログラムはすでに朝早くから出発してしまったので、午後からのものは車で30分ぐらいの近場の国立公園になるとのこと。そこだと見られる動物はやや少ないらしいが、選んでもいられない。二つ返事で「イエス、プリーズ！」と申し込む。

本物のサファリだ！　本物のサファリが経験できる、と大興奮。そうとなれば、まずは「腹が減っては、戦はできぬ」とばかりにホテルのレストランでブランチで腹を満たす。その後は、この東アフリカの大都市ナイロビをじっくり見てやろうと市内を散歩。

日中の強烈な太陽に炙《あぶ》られるナイロビの街は、車やバスが巻き上げる土埃に覆われ、やや茶色がかっている。中心街の道路の両側は2階建ての建物が並び、そこに時々5、6階のビルが交じる。熱帯らしく、日焼けした店の看板や壁は白地の上に赤、青、緑、ピンクなど派手な色で彩られ、所々のペンキが剥がれ、全体に薄茶色の埃をかぶってどこかの田舎の街並みを思い起こさせる。ドアもなく、通りにオープンな簡易食堂ふうの店では熱帯フルーツのジュースや焼き肉を挟んだサンドイッチなどを売っている。日本ではなかなか高くて飲めないパパイヤやマンゴーなど熱帯フルーツのジュースが飲みたくなって中に入ってみる。天井には大きなファンがゆっくりと回り、やさしい風を送っている。床には白塗りの簡単な木のテーブルに、白いプラスチック椅子が無造作に置かれている。そこに座って外を眺めながらジュースの味を楽しむ。

バスや車が通るたびに舞い上がる埃に薄茶けた歩道や店先。歩道は派手な色のシャツを着た男性や大胆な大柄のワンピースなどを着込んだ太めの女性、頭に荷物を載せて歩く女性などで賑わっている。歩道の端に座って話し込んだり、道行く人を無気力に眺めていたりする人もいる。傍を通るバスはと見れば、窓に厚くこびり付いた埃で車中の様子はまったく見えない。なんだか久々にブラジルに来たような気分になる。70年代の終わりに初めて行ったブラジルの町並みはこれと同じ様に埃っぽく、強い太陽と派手目な色の看板が目についたのが強烈な印象であった。

何かお土産を買おうかと思い、何軒かの店に入ってみる。木彫のアフリカの動物、特産のクジャク石のアクセサリー、ジェムストーン、鳥の羽根や動物の毛皮を使った珍しい小物類。面白いものには事欠かないようだ。その中に、木彫りの直径が25センチメートルほどのサラダボウルがあり、左右に豹が一対ついていて、縁からボールの中を覗いているというデザインのものがあった。これがすごくアフリカらしくてとても素敵だ。気に入ったので、値段を尋ねてみる。店の主人は浅黒くはあるがどうも顔つきが欧米系で細長い顔に高い鼻をしている。日本円にして約5000円の値段だと言う。高いと思った。

「ちょっと負けて下さい」と遠慮がちにいうと、せいぜい1割くらいしか負けられないという返事。この人は顔つきからいってもきっとインド人だろう、これは手強いぞと思い、「もうちょっと負かりませんか」ともう一押し試してみたが、ノーの冷たい返事。欲しかったが交渉が面倒くさくなり結局諦めてしまった。

これは自分の悪い癖なのであるが、日本で買うことを考えれば絶対得だと分かっていながら、ついつい現地の物価水準を必要以上に意識して高い物を押し付けられたと感じて買い渋ってしまう。日本では買えないのだから、買うべしと思いながら買いそびれてしまう。

この時も、そんな気分になって、結局買わずに日本に帰ってから後悔をした。インド人の商売上手と世界中での活躍ぶりは以前からよく聞いていたが、東南アジアにおける華僑のような、アフリカにおけるインド人の活躍ぶりに改めて感心する。

サラダボウルは諦めたが、小さいお土産を何点か買った。この時買った小さな木彫りの豹は今でも我が家の居間の一角にいて、見る度にナイロビの街を思い出させてくれている。

さて、いよいよ午後からはサファリだ。

【サファリ】

旅行会社の指定通りホテルのロビーで迎えの車を待つ。日曜の午後とあってホテルのロビーは出入りが多い。やはりアフリカはヨーロッパ人ふうの白人の観光客が多い。ここまで日本から遠ざかると、さすがに日本人ふうの人はほとんど見かけない。

すると、指定通りの時間に現れた車は白と黒の縦縞のいわゆる縞馬模様のライトバン。いかにも「これからサファリに行くぞ！」という感じがすごく嬉しい。天井はスライド式に開閉ができるようになっていて、立ち上がれば外の様子が直接見られるようになっている。自分を含めて総勢6人のツアーである。目的地は市内から約30分のナイロビ国立自然公園。みな、この貴重なサファリという体験に心ウキウキの様子。期待、好奇心、嬉しさが顔に溢れている。自分もきっとこんな幸せそうな顔なんだろうな。人の顔を見れば自分の様子も想像できると言うものだ。アフリカでは蚊に刺されるのが怖いというので、日本から持ってきた防虫スプレーを再確認。もちろん、初めてのアフリカ、しかもサファリなのでビデオカメラも必須アイテムである。

エンジンがスタートすると車内では早速参加者の自己紹介が始まる。東アフリカをバックパックで回っていて、ケニアにはウガンダ経由で来たというオーストラリア人の青年。何かと動乱の続くウガンダ経由とは勇気のあることである。そして、アメリカから来たという熟年カップル。こちらはいかにも人柄も夫婦仲も良さそうで、話しやすそうである。そして、イタリアから来たという中年のカップル。皆、サファリは初めてということで浮かれ気分だ。

車が一歩街を出ると、道路脇には赤茶けた土にヤシの葉や濃いピンクや黄色やらの花が幅広で肉厚な濃い緑の葉の中に咲き乱れる。空はと見れば、存在を強烈にアピールしつつ地平線から頭上まで迫り来る白い雲の群れ。アジア、アフリカそして南米、暑い土地の街はずれの風景はどこか皆似ている。地平線というものに縁の薄い日本人にはこういうパノラマ的広さは、もうただそれだけで感激である。30分はあっと言う間に去り早くも車は公園の入り口に到着。

公園入場の手続きを済ませると、すでに用意されている同じようなバンに、早速乗り込む。車のすぐ脇にある木陰の杭につながれている2匹の馬が縞馬であるところも、ぐっとサファリの気分を盛り上げる。

さあ、出発。車はそろりそろりと動き出す。名前も知らない木々の林と茂みの中を縫うような細い車道を車はゆっくりと進む。サファリなど初めての自分は、周りの茂みから何か飛び出してくるのでは?と大きな期待と小さな不安を交じえて気もそぞろ。時々、茶色の羽に白や黄色の模様も美しい中サイズの鳥が車の前を歩いていたりして、そのたびにガイドが興奮気味に客に向かってカメラの用意を促す。もちろん鳥の名前を教えてくれているのだが英語と言うこともあり、何という鳥なのかは分からず終い。しかし、しばらくは大したドラマはなかった。やがて、道が左に大きくカーブをすると前方を遮っていた林が突然消え、眼前には一気に大草原が広がる。遥か遠くにうっすらと低い山影が見える以外はただただ緑と薄茶色の草や茂みが、目が届く限り続く。

遠くに黒い水牛の群れがのんびりと見える。そこからずっと左に目を移すとそこには何と姿美しいキリンの群れ。こんなにゆったりと広い場所でキリンを見るのは初めてだ。実にその風景にしっくりと馴染んでいて、目に心地良い。これこそがキリンにとって本当の姿なのだという当たり前のことに改めて感心する。

車は決められたコースに沿って進む。周りは木も疎らな大草原。やがて、首の長さ、角の形、体格、毛色など形も色も様々な鹿の仲間が遠くに、近くにとくに緊張感もなく群れている。テレビのドキュメンタリーなどで見たように、ここらでライオンや豹あたりの登場を、鹿やキリン達には迷惑かつ不謹慎ながら、期待したりしたのだが、そんなに都合よくサバンナのドラマは進まない。

急に車の反対側から、「わー!」という悲鳴とざわめき。見れば、車の窓にはハゲ頭の奇妙な顔と長い首が数本こちらの様子を窺っている。目の大きな痩せこけたおじいさんのような顔である。何とダチョウが数匹車内を覗いているのであった。近い! ダチョウの顔をこんな近くで見たことはもちろんないが、よくよく見ればいかにも剽軽な顔である。知人の中に似たような顔つきの人が居たような気がする。運転手はしばらく車を止めてダチョウと戯れる時間をくれた。観光客には慣れているらしく結構近くまで顔を近づけ、エサをねだる様子を見せる。手にエサを載せて差し出して見るが、大きな嘴《くちばし》に突かれるといかにも痛そうである。皆おっかなびっくり恐る恐る手を出してみる。ダチョウはいかにも手慣れた感じで、素早くエサをさらってゆく。そのたびに車内は「キャー、キャー」と大騒ぎ。

視線を道の前方に移すと、先程から遠くに車の影が見えた。近づいて見れば観光客を乗せた他のサファリの車である。皆、陽気だ。

「ハロー!」、「ハロー!」と挨拶を軽く交わし合う。ああ、何という心地良さ！　暑くもなく程良い気温、低い湿度、頭や顔を撫でるそよ風、地平線まで続く草原、そして、迫り来るような白い雲、自然の中で伸び伸び草を食《は》んで時間を過ごす動物。これらのすべてが一体となって何とも言えない心地よさを醸し出している。「いったい自分はこんな素晴らしい思いをさせてもらうに値するような善行を何かしただろうか」と、あまりの心地良さに思わず自分の半生を振り返ってしまう。

こんなことを考えていると車が止まり、ガイドが降りろと言う。近くに沼があってそこにカバがいるらしい。沼までしばらく歩くうちには蛇やら、ひょっとしたら豹まで出て来るのではないか、などと臆病風に吹かれて戸惑っていると、「心配ないから早くして下さい」と促される。信じろと言われても、蛇に弱い自分はやはりちょっと足がすくむ。前の人と隙間を空けずに足早に歩く。午後3時を過ぎてやや日が陰り始めた灌木の茂みの中の小道を3―4分歩くと前方に深めの沼が現れる。先にそこに着いた人たちが早くも感嘆にどよめいている。元気を取り戻して急ぎ足で沼の淵まで歩き、見下ろしてみると、岸から垂れ下がる木の枝が影を落としている水面に何やら動くものが確かに見える。しかし、はっきりと見えない。周りは「カバだ、カバだ」と騒いでいる。何とかキチンと見たいと思って目を凝らすのだが、どうもはっきりした姿を捉えることはできなかった。一応、ビデオで映しておいて後でゆっくり納得しようとスッキリしないまま車に戻る。

そこで、「さて」と考えた。どうもまだ何か欠けている。アフリカといえば象ではないか。なぜ象の姿が全然見えないのかとガイドに聞いてみる。その答えに改めて現在のアフリカの問題を考えさせられた。象牙を求めて密猟者が徘徊し、罪のない象が随分と殺されてしまったので、保護のため象を隔離しているとのこと。「たかが」象牙を採取するために象一頭が丸ごと犠牲になる。ニュースとしてしか認識しなかったこのアフリカ象密猟問題が急に現実問題として目の前に突きつけられた。ましてや、日ごろ日本で印鑑や茶道具などで象牙のものを使っている者として、決して他人事と済ましてはならないと反省させられた。

やがて、西の空が赤みを増して頭上の雲も灰色の濃さを増し、その上を徐々に茜が染め上げる。そろそろ帰る時間である。国立公園の出口に車は向かう。われわれと同様に出口に向かう縞模様のバンがあちこちから集まってくる。そうだ！　まだライオンを見ていない。車中では皆一様にガイドに質問が出る。

「ライオンはいないのですか」、

「ライオンはどこにいるのですか？」、ガイド曰く、

「ライオンがいるところを車がうまく通るかどうかは皆さんの運次第です、どうも、今日の皆さんは少々運に恵まれなかったようですね」と。

運と言われては抗《あらが》えない。がっかりと落胆と諦めの溜息。

「皆さんがまた戻れるようにお楽しみが残りましたね」とガイドが慰める。大きな幸運の中の小さな残念。

それにしても、この草原の夕暮れの美しさはどうだ！　遥か彼方で草を食む動物の背中は茂みとともにすでに影になり、点在する木立のシルエットに溶け込んでいる。空は一段と茜を増し、濃い灰色となった雲間から名残の日が差す。

どうやら蚊にも刺されずに済んだようだ。さて、明日は8時半にオフィスだ。どんな人に出会うやら。

【ビジネスミーティング】

翌朝、ホテルから歩いて行ける距離にある出張先の建物へと急ぐ。9時ともなるともうすっかり日は高い。赤茶色の埃っぽい道路は早くも月曜の朝の活気と喧騒に包まれている。スーツにネクタイ、服装を再度点検して、さあ、いよいよ仕事だ。

ここは自分が勤務する英国系銀行のナイロビ支店。早速入ってみると、店内はまるで古いイギリス映画でも見ているような佇まいである。2階分たっぷりありそうな高い天井から下がった大きな扇風機の羽根が音もなくゆっくりと回る。それを受けて大きな観葉植物の緑の葉が優しくそよぐ。自然の木材をふんだんに使ったカウンター、客席と職員の席を分ける手すり、客席から見渡せるオープンスタイルのオフィスの職員の机や椅子。コンピューターや自動支払機など機械に占領されたような最近の日本の銀行に見慣れた目には、機械も少なくスペースもゆったりとして、半袖姿で勤務する現地スタッフの様子もいかにも熱帯ふうで、何やら時間そのものがゆっくりと進んでいるように見える。急に19世紀の銀行に訪ねてきたようで不思議な優しさというか柔らかさを感じて大変心地良い。建物の外壁はと言えば、これはもう言うまでもなく白塗りである。

日本から来たということで大変珍しがられ、支店長を初めとするVIPたちに紹介される。日本の経済状況、金融市場の様子、東京支店のビジネスの概要やらを説明すると、普段少ない日本の情報に大変興味を持って聞いてくれる。やはり、ここはアフリカ。ヨーロッパに比べて日本は地理的にも心理的にも遠いのである。それでも、僚友店同士の話なので互いのビジネス情報交換も交渉も円滑に進み、あっという間にはや昼食の時間。

数人と一緒に車で案内された場所は、民家風のレストラン。これまた、コロニアルスタイルの造りで、白い壁に茶色の瓦が印象的である。小奇麗なレース模様の鉄柵に囲まれた庭に濃い赤や藤色の熱帯の花が強い日光を照り返しながら乾いたそよ風に揺れている。入り口までの石畳を進むと入り口のドアも輝くような白である。中に入ると家具はビクトリア朝を意識した上品なインテリア。あちこちのテーブルで昼食を楽しむ人々の間を指定されたテーブルへと歩くのも小気味良い。各テーブルとも席を占領しているのはビジネススーツをお洒落に着こなしたイギリス人やケニア人が中心である。ビジネスランチとはいえ、これはあくまでゆったりと、セコセコしないのがイギリスのコロニアルふうマナーである。

ここでも数人の地元のビジネスマンに紹介され、話は日本の経済や金融界に関する質問を中心に弾む。こちらのいわゆるエリートたちはほとんど英国留学を経験しており、アメリカの影が薄い。やはり歴史的にも地理的にもアフリカはヨーロッパに近い。南米は同様にしてアメリカが近い。はて、アジアにとって日本は近い国なのか。

午後は金融関連の役所や地元の銀行を訪れて同様の情報交換。さらに、現地スタッフの計らいで日本大使館を訪れ、日本大使にご挨拶。「こんな遠方までようこそいらっしゃいました」との大使の優しい労いの言葉がとても印象的であった。夕方には、銀行のお客様が自宅の豪邸で開催するディナーパーティーに招待された。現地の主要銀行の主要顧客の招きとあって、商社関係者や大手企業の関係者やその夫人など多くの人たちが集まって賑やかなパーティーであった。

中央のテーブル付近には子豚だったか、子羊だったかの丸焼きが飾られて良い匂いを放っていたが、串刺しにされたその姿に慣れない身には哀れに思えてどうしても見るのが辛い。しかし、味は良かった。

招待客の中に、昔ビジネスで良く日本に行ったと言うビジネスマンが話しかけてくれ、日本絡みの話で盛り上がった。彼の話の中で特に印象的だったのは、日本とのビジネスは日本向けのタンザニア産コーヒーの輸出で、

「日本ではタンザニアのコーヒーのことをキリマンジェロと言うでしょう？　あれは僕がそう名付けたのですよ。日本人が誰でも知っているアフリカの高峰キリマンジェロに因んでそう名付けました」と教えてくれた。

何だか皆が知らないことを自分が一番に知った様な気になりちょっと嬉しく、得意に感じた。

【天国と地獄】

ケニアでの滞在は実に楽しく、ビジネスも順調。こんな天国のような良い思いをしても罰が当たらないだろうか、と大いなる感激のうちに次の旅の準備を急ぐ最後の夜。生水や生野菜を摂らないように十分気をつけ、体調も万全だったためか、嬉しさについ気を許してホテルのレストランでキャビアがトップに乗ったサラダを注文。一流のホテル、センスの良いレストラン、そして順調な仕事に感動的なサファリ。シャンペンも頼んで1人でお祝い気分に悦に入る。ところが、これが地獄の門への切符であった。

まったく世の中とは上手くできているものである。どうやら、天国だけを楽しむことは許されないらしい。夜明けも近い午前4時頃すさまじい腹痛と下痢で目が覚める。トイレに飛び込んだまま、出られない状況が続く。なんと、次の目的地への出発の朝はトイレの中で迎えることとなった。情けないことに、腹が「キューン」と痙攣《けいれん》状態。腹の中の水分が全部出てしまうと思われるほどの状態。こんな時のためにと日本から持ってきた薬と熱いインスタントみそ汁で何とか痛さを我慢できる程度になったのでベッドに戻り、段々と夜が明ける中でチェックアウトまでの時間を持つ。

数時間後、のたうち回りたがる腹を何とか宥めながら、スーツに着替えて空港へと向かう。来たときは夜中であったので風景がよく見えなかったが、今度は昼だったので空港までの景色などゆっくり満喫したかったのだが、体調最悪の中それは土台無理な話であった。

ナイロビの空港は早や旅行客でごった返している。ジンバブエのハラレ行き便のチェックインを済ませて、出国審査の列の後ろにつくと前の方で何やらトラブルが発生しているようだ。「何だろう?」出入国管理官が旅行客に向かって何かを言い、旅行客は不満な顔や、中には何やら言い返している人もいる。次の人もどうも同じようなやり取りをしている。「何だ、何だ？」どうもお金に関係がある様子だ。前の旅客が次々に財布をまさぐっている。ドキドキとちょっと心臓が高鳴る。いよいよ自分の順番が近くなってみるとおおよその様子が分かってきた。

役人が各旅行客に対し現地通貨を持っていないか質問をしている。どうやら、現地通貨の国外持ち出しは禁止らしい。そんなことガイドブックに書いてあったか？　いや、なかった気がするし、現に他の国から来ている人も引っ掛かっているではないか。事情の分からない中での咄嗟の質問なので、上手く嘘を言える人は居ないだろうし、また、誰でも多少は使い残した現地通貨を持っているものである。そして、いよいよ自分の番。

「現地通貨の残りを持っていますか？」

「少しあります」と答える。

「では、外貨に再交換して下さい」

そんなことをこんな場所で宣われても困るし、現実に周りを見渡しても近くに銀行らしいものなどない。「そんなルールなら近くに銀行くらい用意しろ！」と言いたかったが詮ない。もちろん町まで戻る時間も元気もない。その旨説明してみても、抗議をしても役人はとにかく現地通貨の持ち出しは不可であると繰り返すばかり。結局、残った現地のお金はその役人に差し出す外はなく、その役人はと見れば堂々とそのお金を目の前で自分のポケットに入れている。これは平然と行われる一種の違法な徴税ではないか。しかも文字どおり、出したお金は役人のポケットマネーになるのだった。みなブーブーと文句を言うが、勝ち目なし。この役人には1日にいくらこうした実入りがあるのだろうか。まったく、こんな体調の時に勘弁して欲しい。

【ジンバブエ】

てんやわんやの中、やっと次の目的地ハラレに向かう飛行機に乗り込む。滅多にチャンスのないファーストクラスだというのに、もうほとんど死に体で息をするのがせいぜい。ほとんど脱水状態で、機内のトイレが近いのが勿怪《もっけ》の幸い。食事はまったく受け付けない。ただただ、体を休めて眠るのみ。ほとんど虫の息状態だった。

やがてハラレに到着。ごろごろ鳴るお腹をアブラ汗を流しながら何とか宥め、ようやく入国審査を終える。「ゴロゴロー」お腹はもう上へ下への大騒ぎ。宥めつつ預けた荷物の受け取り場に。身動きもできない状況で預けた荷物が出てくるのを待つ。ファーストクラスなので1番に出て来るだろうと思い、焦る心で待つことしきり。荷物はどんどん出て来るのだが、自分の荷物が現れない。「キーキー」と金属音を立ててコンベーヤーは回る。

イライラ、ソワソワ。「早く、早く！」と心は叫ぶ。そうこうしている間にも周りのお客は自分の荷物を見つけて、さっさと税関の方に向かって行く。

恨めしい思いでそうした人たちを見送る。「……」10分。アブラ汗とともにお腹が「キューッ」と絞られる。「……」20分。まだ荷物が現れない。段々周りの人が少なくなる。ほとんど座り込みたい体調の中、30分経過。他の乗客はついに誰もいなくなる。自分だけだ。迎えに来ているはずの人はこちらが出て来ないので、さぞ心配しているだろう。もしかしたらフライトの変更があったと思い帰ってしまったかもしれないなどと弱気に襲われる。結局、自分の荷物は現れず、荷物の紛失ということでその手続きのために脇にある事務所へと出向く。勘弁して欲しい。もう体調は最低である。「この書類に必要事項を記入して下さい」と差し出された用紙に何とか記入を済ます。こちらの地獄の苦しみも知らず、担当者は実にスローなペースで手続きを進めてくれる。何でそんなにのんびりなんだ、と文句を言いたくなる気持ちをぐっと抑えて、じっと我慢。どこかに電話をしているのだがその話し方、書類を扱う手捌き、すべてがゆったりでまるで故意に意地悪をしているのではないかと拗ねたくなるほど。

結局、飛行機の到着から税関通過まで2時間近くもかかってしまい、とりあえずは手荷物のみの心細さで出迎えの人に会う。よくも諦めずに待っていてくれたと感謝感激。本来はホテルに着いてから優に2時間はホテルで休める時間がある予定だったのだ。

少し横になれば救われると藁をも掴むつもりで楽しみにしていたのだ。それなのに、実際にホテルに着いたら休めるのはたったの20分。それでも、ないよりはましと、崩れ落ちるようにベッドに横になる。たったの20分だが、なんと貴重な時間だろう。それでも、早速トイレを済ませ、しばらく横になっていると少しは楽になった。

迎えの車から現れた人はイギリス系の若い金髪ベビーフェースの白人の男性。軽い挨拶の後、車に乗ってハラレ支店のオフィスを訪ねる。こちらの道中の事情を聞いてしきりに同情してくれるが、今日の予定はすでに決まっているし、相手は現地の金融関係の役人だったりするのでキャンセルも叶わないらしい。

ハラレの街は大都会東京から来た人間にすれば可愛いミニチュアの街のようだ。綺麗な花があちこちに飾られ、建物もペンキ塗りたてのように色がはっきりしていて小奇麗でこぢんまりとしている。メタリックな東京の繁華街をひとつ取り出して、商店街の慌ただしさを除き、レンガ造りの雰囲気に作り替えた様な具合だ。けばけばしい看板や、うっとうしい電信柱や電線などがない分スッキリしている。淡い黄色や茶色、水色など抑えた壁の色がレンガ色に調和して良い感じである。中心街から車で10分もせずに郊外へ抜けられてしまう。ナイロビと比べ、町並みが整頓されていて全体に町が新しいという感じ。現地の人にそんな感想をもらしたら、「白人の支配が比較的最近まで続いたので、まだメンテナンスの状態が良いんですよ」いう返事。裏を返せば、白人じゃないとメンテナンス能力に欠けると言っているのであり、返事に困った。

訪問先の地元の中央銀行の人は、日本からの投資をぜひ歓迎したいとのことで、外国からの投資に対する奨励策を熱心に説明してくれた。１９８０年に白人支配の旧ローデシアが崩壊した際、多くの白人が銀行などの財産を残したままホウホウの体で外国へ逃亡したので非居住者預金が大量にあり、これを利用した外資奨励策であるとのことだった。

まるで、ケニアで体験した「天国」の取り返しを盗られたごとく、「地獄」の苦しさで過ごしたジンバブエでの３日間であったが、何とか無事役割を果たし、ロンドンに向けて帰国の途についた。

空港で、お世話になった人々にお礼を述べているとき、誰ともなく、「今回の旅行ではビクトリアの滝を見ることができましたか」と、聞かれた。

しまった！　ビクトリアの滝にこんなにも近くに居るというのにまったく気づかずにいた。アメリカとカナダの国境のナイアガラ、ブラジルとアルゼンチンの国境のイグアスと世界の三大瀑布《ばくふ》の内2つをすでに見ている自分なのだ。残る1つはここジンバブエにあるビクトリアの滝ではないか。ああしかし、もう空港である。

そうか、これでもう一度ここに来る理由ができたなと無理やり自分に言い聞かせて、機上の人となった。

もちろん、アフリカへの旅行はそう簡単でなく、あれから30年近くも経った今でもビクトリアの滝はまだこれからの課題のままとなっている。それにしても良く生き延びたものだ。

ベトナムでアンティーク茶碗

2000年のベトナム

２０００年の頃、私はとある外国政府機関に勤務していた。その国の対外輸出の促進を目指す組織であるのだが、ある日東アジア各国にある同機関のスタッフをベトナムのハノイに集めて各国の市場に関する情報交換や取り組むべき課題を議論する会議があるのでそれに参加せよとの指令があった。

ベトナムと言えば、我々世代には何と言っても真っ先に思い起こされるのはあの60―70年代の悲惨なベトナム戦争である。戦争の終結の後は全土が北ベトナムによって統一された共産主義国となり、観光などでは容易に訪れる事が難しい国だった。当然ながら、現在のベトナムをぜひこの目で見てみたいと思った。

さて、いよいよベトナムへの旅である。ハノイ空港は小規模で地味な空港であった。遥か南の国とのことで3月とは言えかなり暑いのではないかと想像したが、意に反して結構涼しい。入国手続き、税関検査を済ませ、出口の近くで列を成して待っているタクシーに乗り込む。香港で乗り継いだ際に空港でベトナムの通貨ドンに少々両替をしておいたので現地のお金に問題はないが、それにしても交換レートがすごい。１ドルが約１０００ドンであり、ゼロがやたらに多い。１円が85ドン程だろうか。

大きな田園の中に建設した空港なのだろう。こぢんまりした空港施設の敷地を一歩出ると、車の窓の外にはたちまち田園風景が広がる。タクシーの後部シートに乗り込んで30―40分の市内ホテルまでの車の旅。

「うーん、これがベトナムか！」、

「ここで30年前にアメリカとベトコン、北ベトナム軍が死闘を繰り広げたあのベトナムか！」と、今自分がその場所に居ることに一種不思議な感慨を覚える。「空爆」「枯葉剤」「ゲリラ戦」「虐殺」「泣き叫ぶ母親や子供」……。日本の報道で見せつけられた数々の悲惨で残酷な戦争風景が頭を過る。

そして、この眼前の平和な田園風景。

戦争を止められない人間の性とたまたまその時代、その場所に居合わせた人の不運など人の世の不条理に思いを馳せる。我々の親たちの世代にしても、だ。

今、眼の前、前後左右に広がる平らで濃過ぎない緑の水田は目に優しい。牧草地ではなく、米を作っている田んぼが広大な平野に広がる風景はやはりアジアの風景であり、水田の苗、畦のあちこちに立つ背の高い木々、風にゆったりと揺れる柳の緑、そこここに点在する赤茶けた壁の民家などはどこか懐かしい。円錐形の麦藁の笠を被って農作業をする人。牛を使って畔道で物を運ぶ人。絵に描いたような田園風景である。初めての場所であるにもかかわらず、故郷の母のもとに帰ったような不思議な安堵感がある。

さしたる渋滞もなく、タクシーは小雨の上がった湿度の高いこのベトナムの首都の中心にある派手なアメリカ系のホテルに到着。他を圧倒して自己主張する超高層ビルなどは目に入らず、その分、どこか田舎風ではある。

冒頭でも述べたが、ベトナムと言うと１９７０年代初頭に学生時代を過ごした我々にはやはりベトナム戦争が一番先に思い起こされる。日本が直接関わった戦争ではないのでそれに何らかの形で関わった人は一部のジャーナリストを除いてそう多くはいないと思う。それでも、いわゆる全共闘世代とか団塊の世代と言われる世代の一部に属している我々の世代は直接反戦運動に関わったかどうかは別としても、アメリカ国内で広がる戦争反対運動にも呼応して、何らかの形で、自分なりの方法でベトナム戦争について真剣に考え、友人たちといろいろ真剣に議論を交わした経験を持つ人がほとんどではないだろうか。

「アメリカのベトナム侵略反対！」、「ベトナムのことはベトナム人に任せよ！」などアメリカのベトナム干渉に反対を唱える運動が多かったと思うが、「米国の核の傘の下にぬくぬくしている我々日本人は、これでいいのか？」と問われて、「うーん……」と返答に窮して額に汗した経験は誰でもしているだろう。

元来、政治意識に乏しいことに加えて経済的な余裕もなかった自分は直接反戦運動に参加したことはなかったが、それでも、それなりにアメリカの覇権主義、資本主義体制の持つ帝国主義的側面、貧富の拡大、アメリカの核の傘の下で平和を貪る日本などということを論点に真面目かつ真剣にあれこれと唾を飛ばして議論したものである。

話をベトナム訪問に戻す。この会議では、日本、中国、台湾、韓国、ベトナム、香港などアジア諸国にある同じ組織からの参加者が集って、共通言語である英語でマーケティングなどに関する講習を受け、ロールプレイングをし、実際に各国に持ち帰ってそれを生かそうとするものである。

夕方、食事の時間になればホッとして会議のことで話に花が咲く。

「今日のロールプレーは冷や汗をかいたよ！」

「そう？　でも、緊張している様には見えなかったよ！」

「東京でこんな会議をしてもらいたいな。そうしたら、東京に行くチャンスになるから」

と上海からの参加者。

「でも、東京は物価が高いからそれは無理だね」と台湾のメンバー。

「うーん、残念。東京ってやっぱり行って見たい」
「ハノイは湖が多くてきれいだね」
「でも、物乞いが多くて閉口する」などなど今日の講習の体験談、失敗談、初めて訪れたベトナムの感想などで話が盛り上がる。

ハノイは水の都。美しい小さな湖が市内あちこちに点在する。静かな湖水とやさしい柳。人、車、物で雑然と込み合う都会の喧騒に爽やかさを与える一服の清涼剤の様である。人工湖ではないと思うが、どこかに中国的、東洋的な優美さを持ち、やさしく美しい。写真でしか見たことはないが、中国の蘇州と言うのはこんな感じかななどと昔の流行歌との勝手な連想をしてしまう。

翌日の夕食の帰り道、仲間の一人が喫茶店にコーヒーを買いに行こうと言い出した。ベトナム産のコーヒーはとても美味いので人気があるとか。ブラジルに住んだくせにコーヒーに別段詳しい訳でもなく、日本ではベトナムとコーヒーはあまり結びつかなかったので、これは嬉しい驚きである。お土産に買って帰るのだというので、レストランを出て付近の喫茶店に向かう。

商店街にしては地味な一見住宅街の様な佇まいの街路の一角にその喫茶店はあった。店内は二階建て。小さいホテルのロビーの様なカウンターの上は吹き抜けで天井が高い。セルフサービス式の喫茶店が流行る前に日本でも良く見かけたちょっとレトロな感じの店である。店内のテーブルではコーヒーやお茶で談笑する若いカップルが多い。コーヒーの芳香に包まれるカウンターの脇には本物の小さい麻袋にくるまれたコーヒーが積んである。プラスチックの袋やバッグを見慣れた目には、こうした包装はレトロかつ新鮮である。自分用に買ってみたものを後日飲んでみたが、まろやかで確かにおいしいコーヒーであった。

喫茶店を出て、10人ほどの集団で土産屋などを覗きながらハノイの夜の町を歩く。車やバイクが縦横無尽にする車道では、しっかり前を見ないとうっかり仲間を見失ってしまいそうな混雑、喧騒である。しかし、こうして歩いていると、物乞いの多さが目を引く。すると、赤ん坊を抱いて薄汚れた服装の女性が一人目に入った。目と目が合ったと思った瞬間に、彼女がすばやく近づいてくる。あ、と思った瞬間、彼女はすでに私の目の前にいて、赤ちゃんを差し出すようにして泣き顔で、小銭をねだる。可哀そうだなと思って財布を捜していると、

「ハル、一人にお金をやると仲間がワッと来るよ！」と仲間からの警告。

「そうか。それも叶わないな」と思い、財布はそのままポケットに戻す。そのまま歩き出しても、彼女は付いて来る。小走りに走って逃げても付いて来る。こちらは10人もいるのに、彼女は迷うこともなく私についてくる。

「なんで私に?」と思って逃げていると、

「ハルがこの中で一番親切そうな顔をしているんだよ」などと仲間が笑って冷やかす。ライトバンの中に逃げ込み、一安心。窓から外を見てみると、窓の外にはまた彼女が赤ちゃんを抱いて片手をこちらに向け、悲しい顔を見せている。小銭をちょっとあげれば済む問題なのにここまで意固地になる必要もないのだけれど、何となくその機会を逸してしまった。

「まだ、ハルのこと見ているよ!」と仲間がからかう。

何だかとても残酷なことをしているかのような罪悪感を覚えて後味が悪い。車のエンジンがかかってやっと解放された。仲間の説明によるとああ言うもの乞いが団体に目を付けた時はあれこれ迷うと効率が悪いので、一度これと決めたターゲットから目を離さずにそのターゲットだけを狙うのだそうだ。何だかアフリカの草原で草食動物を狙う肉食動物の様な話である。

さて、翌日ともなるとハノイの街の様子にも大分慣れてきた。夕食の後は気の合った4人ほどのグループで買い物にでた。ベトナムの名産には漆器があり、赤茶や黒の地に金や銀の唐草模様などエキゾチックなデザインの花瓶や壷など気品がある作りである。それで値段が手頃なので、土産としてうってつけである。そんな工芸品や土産用の小物などが所狭しと並ぶ商店街を歩いていると、ふと骨董品の店が目に入った。古い陶器などが飾り気のないケースに無造作に置かれている。ベトナムといえば安南茶碗だ。ちょっと入ってみる気になった。高級な感じでなく商売っ気のない雰囲気なのも入りやすい。左手の壁のちょっと背の高いガラスケースの他には普通サイズのケースが二つほどの小さく地味な店。奥では店員がテレビを見ているか、他の人と世間話でもしているかの風情で、こちらが入ってもさっと身構えない。陳列された商品も一部の目玉商品らしいものを除いては、特に整理されている様子もなく無造作に陳列されている。茶碗、花瓶、どんぶり、皿などの陶器や塗りのちょっと剥げた漆器、さびの入った金属器などなど。

その中に、小振りな御飯茶碗風の茶碗があった。よく見ると薄い灰色に藍色で簡単な唐草風の模様が入っている。いかにも古い安南茶碗の趣で、手に持った触感もいい。するとやっと店員が出てきて言うに、「それは古いよ。200年くらいだよ」と。値段も地元の人には高いとしても日本から来た人間には小遣い程度で買える金額だ。こんな感じの茶碗が好きな友人に良いお土産だし、ハナから本物の骨董のはずがないと思っているので、悩むこともなくその茶碗を買った。新聞紙で無造作に包んでもらい、店を出て仲間とホテルに戻った。

物珍しいハノイでの一週間はこんな調子で瞬く間に過ぎた。ベトナム戦争以来、あまり映像でもニュースでも接触がなかったベトナムだが、ハノイの街は他のアジアの街と変わりなく、後れをとった経済発展を取り戻すべく活気に溢れた、優しく、魅力ある街であった。教育程度が高く、勤勉な国民ということで新しい市場として外国資本や企業から注目を集めているベトナムだが、その潜在力を感じさせる雰囲気はあるし、また、過去にずっと外国から蹂躙され続けてきたベトナムの人にはその権利がある。

ところで、骨董屋で買った茶碗は日本の友人が鑑定をしてもらったところ、間違いなく200年くらい古い茶碗だそうで、それをあげた友人からはたいそう感謝された。それなら自分用にも一つ買っておけばよかったなどと欲も出てくる。しかし、無欲で買ったからこそきっと本物に出会えたのに違いあるまい。後から聞いた話では、ベトナム政府はその後骨董品の輸出を厳しく管理することとし、簡単には持ち出せない様になったとか。何たる幸運！

ルクセンブルグとウィーン

2003年のルクセンブルグとオーストリア

【ルクセンブルグ】

2003年11月、ふとした縁で森林認証制度というものを日本で普及する仕事に就くことになった。

私の最近の海外活動のベースになったのはこの仕事なので、少々森林認証制度について説明をする。近年世界的な規模で問題になっている森林の違法伐採や持続が不可能な方法による林業行為を撲滅し、生物多様性、土壌、水質保全など森林環境の保全や林業従事者の労働条件の改善、森林地域や住民の産業発展、住民や先住民の人権保護などを視野に入れた林業実践を普及させることを目的とする森林経営のための規格を策定、提供し、これに見合った林業を実践するものを第三者が認証する。さらに、そうした森林産出の原材料を使用した木材製品や紙製品にロゴマークを付けて他と区別し、消費者もそれらの購買によってこれに貢献することが可能な制度である。

こうした制度は国際的なものとして二つあり、私の所属はその一つで本部をルクセンブルグ（現在はジュネーブ）に置くＰＥＦＣと呼ばれるものであった。そこで、最初の仕事として本部への挨拶と報告を兼ねた欧州出張をすることになった次第である。

通常の観光や出張ではなかなかこの小国ルクセンブルグを訪れる機会はないので、興味津々な訪問であった。当然ながら、日本からの直行便などある訳もなくドイツかオランダ辺りの空港経由で到着したと思う。11月と言う些か寒い時期であったこともあり、ルクセンブルグは派手さのない極く地味な中世ヨーロッパの寒村を思わせる趣で、林から赤ずきんがひょっと出て来るような国であった。予約を入れておいたホテルも、いかにもヨーロッパの田舎の古いホテル然として、賑わいもなくちょっと寂しい雰囲気であった。

部屋に着いて旅装を解くと小腹が空いて来たので、持参した小さいカップラーメンでも食べようと思ったが、今ふうのホテルと違い部屋の中に湯沸かし器らしいものはない。仕方がないのでルームサービスでお湯を頼んだ。気軽な気持ちで安上がりにしようとの思惑でカップラーメンにしたのだが、後で請求書を見ると、お湯が4ユーロ程である。ボーイさんへのチップを少し渡すと全部で5―6ユーロとなり、当時の換算レートで700―800円位。只のお湯に日本なら安い夕食が食べられる程のコストになったのには、驚き、苦笑、かつ、これぞいかにも旧いヨーロッパ式だなあと妙な感心をした。

本部の事務所では、自己紹介と日本市場の事情を説明し、一方、本部からはこの森林認証制度の基本的な事柄や現状の説明を受けた。この年はちょうど中年だったので、神楽を舞う猿の陶器の人形を記念品としてプレゼントした。夕方には、スタッフと近くのレストランで夕食。ルクセンブルグではこの季節はムール貝が名物とあって皆がムール貝をオーダーしたので、それに倣って自分もムール貝を頼んだ。簡単な塩味でコクがあって美味しかったが、一人前の量があまりにも多くて、それだけで一食分が十分になる程だった。街中はクリスマスが近いこともあって、目抜き通りはクリスマスの装飾品が立ち並ぶ店の店頭を飾って、地味ながらも華やぎがあって良い雰囲気だった。

目立たない地味な小国であるが、現代の欧州連合の始まりであるベネルクス3国の一つであり、欧州の中心ではある。

日本市場に関するプレゼン

【ウィーン】

ルクセンブルグでの仕事を無事に済ませ、次の目的地はウィーンだった。オーストリアは、国土は狭いが森林が多く林業が盛んで林業関連技術が発達しており、この分野における日本との交流は深いものがある。そうした森林のほとんどが我が認証制度の認証を取得していると言うことで、まだ新人の私の訪問先としては打ってつけの場所であろうとの本部の考えでこの旅程に入れられた。

ウィーンの事務所は、森の保護に不可欠な要素をかわいくイラストにしている木の形を模した手作りの大きなポスターが飾られて、小さいながらもアットホームな雰囲気があった。短いミーティングの後、地元の林学者の方の案内で市内をあちこち散策した。

ウィーンの街は都市の規模としてはこぢんまりとしているが、威厳に満ち、かつ、落ち着いた雰囲気がある。言わずと知れたオーストリア・ハンガリー帝国のハプスブルク家の本拠地だけあって建物の形や色合いが調和されていて威風堂々たる歴史を感じさせる古さと美しさが同居している。訪れる者にとってはとても心地良い街の佇まいである。美しい街の代表として良くパリが挙げられるが、大きな街全体が美術館のようで「押し」が強いパリほどの自己顕示がなく、疲れを感じさせないサイズでもある。

この街のオペラ座は、19世紀中ほどに開場し、モーツァルトの「ドン・ジョバンニ」で柿落としをした。小澤征爾氏が音楽監督を務めており、日本人には大変な誇りである。昔、アメリカのボストンを訪ねた頃には彼はボストン交響楽団で指揮を執っていたのを思い出す。

市内をしばらく歩くと、建物の一角にスターバックスコーヒーの看板が目に入った。それを指さしていかにも皮肉な顔つき、口調でその案内役の先生が私を見て、「あれを見て下さい。このコーヒーの本場でアメリカ人が我々に美味しいコーヒーの淹れ方、飲み方を教えてくれるんだってさ、まるで東京でアメリカ人が美味しい寿司の作り方や食べ方を教えてあげようって言っている様なものだよね」と言う。

寿司の例を持ち出してくるのには驚いたが、余程腹に据えかねるらしい。なるほど、この国の人のアメリカ人に対する感情の一端が垣間見えて面白い。

そして、もちろんこの後にこの先生と今回の旅行の同行者と私と三人で地元のクラシックな雰囲気のカフェに入り、ちょっと濃い目のコーヒーを頂いた。確かに旨い！　これぞ本物のウィンナーコーヒーか。

ところで、この街は毎年冬に開催される舞踏会でも良く知られる。輝かしい王室の文化を映すその歴史を垣間見るような大掛かりな舞踏会は内外のファンを魅了している。煌《きら》びやかな古城のホールで燕尾服の男性や色とりどりのドレスをまとった女性、そしてティアラを髪に飾った白いドレス姿のデビュタントの女性が華やかに踊る。

この華麗な催しに魅せられた一人に私の昔の部下がいる。彼女は、何年にもわたって欠かさずこのイベントに参加し、日本では小さな王冠という意味のクライネ・クローネという文化交流団体を運営し、会員を率いてこの舞踏会に参加したり、セミナーや夜会などを開催してこうした宮廷文化を紹介している。最近は、そんな実績を認められてオーストリア政府からも感謝されたり、珍しいことに熱心に取り組む人を紹介する人気テレビ番組で紹介されたりしている。こうした身近な人が溺愛する街のせいか、自分もとても親しみを感じる。

ローマであわや

2004年のイタリア

【会議と観光】

ＰＥＦＣに所属して初めての事務局長会議がローマで開催された。この二千有余年の偉大な歴史を有する街は市内あちこちに古代ローマの遺跡が散見され、新旧同居の独特の雰囲気を醸し出している。今回の会議の会場もいかにも古めかしい石造りの建物で、一歩入ると内部の天井や壁にはダビンチやミケランジェロを連想させる古めかしくも威厳がある宗教画や彫像で飾られ、荘厳な雰囲気を醸し出していてさすがだなと感心するばかり。まさか美術館で会議ということはなかろうと訝しがったりもするが、日本から訪れた見慣れぬ者の目には、こうした建物や絵画が実際に古いものなのか、あるいは比較的新しいものなのかの判断も難しい。美術館でないとしても、実務的なビジネス会議にこのような歴史感を有する部屋が使用されているのは、いかにもローマと言う街らしい。

自分にとってこの組織で初めての国際会議なので少々緊張もするが、今回は自己紹介以外に自分の出番が特にある訳でもなく、また、参加者が皆とても親切なのでちょっとした気楽さもある。新参者ではあるが、共通の目的を追求する者同士が集うファミリーの様な温かい雰囲気があって、とても居心地が良い中で迎えられた。持続可能な森林の管理をいかに各国で普及するか、それにまつわる課題は何か、などを共通語である英語で議論する。

会議の後は、40人程が一同揃っての会食である。レストランまで他の国からの参加者と一緒にこの石の街を歩く。途中、そこここにローマ時代所縁の現存の建物や発掘中の遺跡が散在し、輝かしい歴史の跡が否が応でも目に迫ってくる。歴史の跡とは言っても、中には未だにほとんど形を変えないまま2千年近くこうしてずっとそこに居てその間変遷する人間社会を見続けて来たのかと思うと、畏敬を覚えて身震いする。ローマの街そのものが博物館のようで、歩き回りながらふと目をあちこちに振れば、どこを切り取っても風景はそのまま油絵になりそうで、絵筆に覚えがある人には堪らない街であろう。

会食は当然ながらイタリア料理とワインなのであるが、味付けはちょっと単純で油っぽくむしろ日本のイタリアンの方が美味しいのでは？　などと不謹慎な感想を持った。ここで、以前イタリアを旅行した姉の言葉を思い出した。曰く、「イタリアに行く前まではスパゲティーが好きだったけど、団体旅行で行ったイタリアでしつこい味の本物を大量に食べさせられて以来嫌いになっちゃった！」と。

翌日も会議の後は観光。限られた時間の中で選ぶなら、数ある名所の中でもやはりコロシアムだ。リトアニアからの会議参加者と一緒に観光をしようと言うことになり地下鉄に乗る。そして、駅を出てしばらく歩くといよいよコロシアムである。前に立ってこの壮大な建物の全体を見上げると改めてその規模に驚く。建てられたのは2千年も前だよ。奴隷や動物の流血や殺戮を娯楽として市民が熱狂した現場であるこの血生臭いはずの巨大な建物も、はるか時の彼方の歴史となって今はその乾いた石が無言でそこに留まるのみである。現代では考えられない残酷な娯楽に興じるローマ市民は、奴隷の辛さや痛みには興味がなく純粋に興行として流血を楽しんだのだろうが、何らかの理由で自分がその身に落とされる可能性などは考えなかったのだろうか。現代に生きる自分にはその心情は想像もできない。

聞いたところに依れば、奴隷を駆使した人力によるエレベーターや海戦の再現のための海水の引き入れ装置なども装備されていたらしい。何とまあ2千年も前にこのような巨大な建物や仕掛けを建築する技術があったことには驚嘆するばかりである。当時の日本は縄文時代だよ。

続いて古代の街並みを残す廃墟を歩いてみた。崩れた石造りの家の戸口や門の跡が並ぶ道路をゆっくり歩いた。確かに人が暮らしていたらしいという感触はあるのだが、意外とそんな歴史の息吹が感じられず、ただ巨大な墓地を散歩しているようだったのは自分ながら意外である。ここで暮らした往年の人達の思いや念がヒシヒシと伝わって来るのではと期待をしていたのだが。

【駅で】

ところで、ローマと言えばその燦然たる歴史、文化、美術などは正に文字通りの世界の大きな遺産である。しかし、その一方で現在のローマは観光客などを狙う犯罪の多さで悪名高い街の一面も併せて持っている。

会議を無事に終え、観光もして気分も軽く翌日ホテルを出た。次の目的地であるウィーンに向かうべくレオナルドダビンチ空港へと向かうテルミニ駅までスーツケースを引きずりながら歩く。前日に駅までの道のりを確認しておいたこともあって、迷うこともなくスムーズに駅に着く。

窓口で切符を買い、空港行の電車のプラットホームを探す。さほど迷うこともなくプラットホームを見つけると、もう電車が止まっている。日本と違って改札口と言うものがなくそのまま電車に乗り込めるので、後で車掌が切符を切りに来るのだろうと思い、空いている席に荷物を置いてやれやれと一安心。前の座席には国籍は分からないが中年から初老風の品の良い白人カップルがすでに座っていて穏やかな会話に勤しんでいる。出発までまだ時間があるので、軽く

「ハロー！」と会釈をすると
「どちらからですか？」と聞かれたので
「日本からです」と答え、
これを切っ掛けにローマの印象などについて少々愉しい会話が始まった。感じの良い上品なご夫婦だ。
すると、窓の外に人影が見えた。何だろうと目を向けると、小柄の中年の男性がこちらに向かって何かを訴えているのが見える。何だろうとは思ったが自分には関係ないだろうと無視をしようとしたが、その中東風の男性は執拗に切符の様なものをこちらに向けて私に何かを言っている。「切符は持っているのか？」とでも聞いているのかと思い、自分の切符を見せて、英語が通じるか分からないけど「切符なら持ってますよ」と答えると、違う違うと言うように首を横に振る。前の席の夫婦が、
「切符の改札はしましたか？」と聞くので、
「え、機械が見当たらなかったので改札はしていません」、と答えた。
「あの人はそれを注意しているのじゃないですか？」と言うので、なるほどと合点。
「改札機はどこにあるのですか？」と聞けば、
「そこに見えていますよ」と電車のすぐ側にあるプラットホームの1本の柱に据え付けら

れている小さい機械を指さす。

見れば確かにそれらしいものがあるので、発車しては不味いと思って切符をもって大急ぎで席を立って、カシャっと改札を済ませて電車の席に戻った。

すると、前の席の夫婦が興奮状態で、

「あなたが出て行った直後にあの男性が小走りでやって来て、あなたの席に有ったカバンを持ち去ろうとしたけど、私たちが阻止しました」と言う。

「えー、まさか！」と思ったが、まさにこれが手の込んだ引ったくりなのだと初めて気づき、その夫婦の咄嗟の行動に感謝頻り。外を見れば当然ながらあの男性はもう姿を消していた。胸はドキドキ、冷や汗タラタラ。まったく、うかうかしていられない。

何かの役に立つかもしれないと東京から持って来た和風の可愛い小物を感謝の印にその夫婦に差し上げた。遠慮するご夫婦に、感謝の気持ちだし小さいものだから受け取って欲しいと言うと、気持ちよく受け取ってくれた。盗られそうになったカバンの中には財布、クレジットカード、パスポート、航空券など、これからの旅に必要なものがすべて入っており、それが盗まれたなら大変な危機に陥るところだった。海外にはいろいろ旅行して、旅慣れていると言う自負がある自分であったが、やはり虚を突かれることがあるものだ。くわばら、くわばら。

そんな訳で、前の席の夫婦と会話を交わしておいたことで大いに助けられた次第である。世の中何が幸いするか分かったものじゃない。おかげで、無事にウィーンに行けた。

それにしても、数ある乗客の中なぜ標的が自分なのだ？　自分が余程お人好しに見えたのか？　旅行通としてのプライドがちょっと傷つけられて、恥ずかしさと悔しさを同時に味わわされた。

この素晴らしい世界遺産の街は、うっかりその魅力にかまけていると、飛んだ目に遭い兼ねない怖い街でもあるのだ。ご用心、ご用心！

懐かしのチリとブラジル

2004年のブラジル

2004年10月、私の所属する国際森林認証組織PEFCの総会が南米チリの首都サンチアゴで開催された。この知らせを受けて、この上ないブラジル再訪問のチャンスだと小躍りした。

待ち遠しい思いで出張の準備を進める中、いよいよ出発の日。成田から米国のアトランタでの乗り継ぎを挟んで、約25―26時間でサンチアゴへ。それにしても、この飛行機での長旅の疲れは身に堪える。若い頃はそれほど苦には感じなかったものだが、今回は頭の奥がズーンと痛くなるほどの疲れだった。以前、「歳は取りたくない」と年寄りの愚痴をさんざん聞かされていたものだが、いよいよ自分の番だと思い知らされる。

加えて、アメリカの入国審査の厳しさよ。2001年の同時多発テロ以来米国への入国審査はずいぶん厳しくなった。今回はブラジルへの単なる通過だけの入国なのに、顔写真、十本の手指の指紋取り、そして入国審査官による入国理由に関する執拗な「尋問」。これほど厳しい米国の入国審査は初めてであった。しかも、往路、復路ともに同じことが要求されたので、「アー、もう二度とアメリカなど来るものか!」と思うほど。

【サンチアゴとパタゴニアの思い出】

長い飛行の後、サンチアゴに着いた。この街もこれが二度目であった。その辺りの事情を少々回想する。

最初は、1979年の正月頃であった。当時勤務していた銀行に若手を対象とした海外留学制度があり、留学に憧れていた私は何度も挑戦し、何度かの挑戦の後についに合格となった。重役面接の際に留学先の希望を聞かれ、当時の金融関係者の常識として私も米国か英国の大学院を希望した。しかし、言い渡された行先はブラジルであった。それまで縁も所縁もなく関心もそれほどなかった国なので、驚嘆したが、逆に周囲にブラジルに関係がある人が皆無であったので、湧き上がる好奇心で嬉しさもひとしおであった。だが、喜びに浸っている間もなく急遽ポルトガル語の習得が必須となり、終業後週3回の特訓が始まった。

ブラジルの有名校でポルトガル語で授業を受ける学校生活は、楽しいことや苦しいことも種々あったが、2年の留学期間の一年目が無事に終了し、年末年始の休暇となった。それまでに、ブラジル国内旅行もアチコチしていたので、ちょうど同時期に同じ会社から同世代の同僚がチリのサンチアゴに短期留学をしていたので良い機会と思い、この同僚を訪ねることにした。

サンチアゴでは前述の同僚を訪ね、遠い異国での再会を祝して乾杯。この街はアンデス山脈の白い連峰を背にしてヨーロッパのアルプス山中の街の雰囲気を醸し出していていてとても好印象であったが、ちょうど地下鉄の建設中とあって市内のあちこちは大きな穴だらけというのが強く印象に残った。すると、サンチアゴの街の見学もそこそこに彼の提案でパタゴニアと呼ばれるチリの最南端、すなわちアメリカ大陸の最南端のプンタアレナスという町まで一緒に旅行しようということになった。

この最南端の街では物価が安いことを良いことに、現地の旅行会社を通じてハイヤーを雇った二泊三日のパタゴニアツアーに申し込んだ。今から考えると何とも贅沢で、稀有なツアーであった。縦に細長いチリを縦断する国内線の飛行機で数時間。極地に近いこともあって、どこも風が強く、遠くにアルゼンチンとの国境を抱えるアンデスの山並みを眺めながらの道中は人の気配をまったく感じず、出会うものと言えば小型のダチョウやリャマと言われる鹿とラクダの中間のような南米特有の動物だけ。草原に湖が点在するこの素晴らしい大自然の中を車で移動し、ここぞと思う場所で自由に写真をとったり、休憩したりしながらの大名旅行だった。

このハイヤーの運転手は車内にノートを用意していて、これまでに乗せた観光客の寄せ書きが書き連ねられていた。有数の観光地だけあって言葉も国際的である。理解できない言語のメッセージも多いが、恐らくはこの大地の素晴らしさへの感動や運転手への感謝であろう。ざっと目を通すと漢字が目に入った。見れば日本語であった。この地球の反対側のさらに極地に近い「僻地」にまで日本人の観光客が来ているんだと感心するも、おそらく自分たちが初めての日本人なのではなどと勝手に浸っていた優越感はすぐに崩された。日本人、さすが！　自由気儘なドライブだったので調子に乗り、さほど遠くもないマゼラン海峡をもじって二人で「津軽海峡冬景色」などを大声で歌いながらの愉しい旅だった。

しかし、この忘れがたい旅行の中でも強烈に忘れられない出来事があった。いよいよブラジルへの帰路でサンチアゴからサンパウロに向かう飛行機の中でのこと。窓の下に展開するアンデスの山々を満ち足りた気分で眺めていると、急に翼の下から白い煙が出始めた。「あれ？」と思いながら見ていると、その白い煙が止まらない。「うわ！　事故か？」と頭の中に恐怖が湧いてくる。緊張に体を固くしているとしばらくして機長からのアナウンス。「只今、テクニカルな問題が発生したため、サンチアゴまで戻ります」という。「え、一体何だろう」と胸がドキドキ。生きた心地もせず冷や汗タラタラの中で、何とか無事に空港まで戻れることを祈ることしかできない。

ずいぶん長く思えたが、ようやく先ほど後にした空港が見えてきた。着陸すると、アナウンスが、

「手荷物をもって一刻も早く退出して下さい！」という。

「うわー！」

と競い合って夢中で出口に急ぎ、一目散に空港の待合室へ避難。無我夢中で待合室のあるビルまで避難した。何の説明もないままに1―2時間は待たされたと思う。ようやく機長が現れて、「実は機内に爆薬を仕掛けたという脅迫電話が有ったので、これから機内を隈なく調査します」という。

まんじりともせず3時間ほどは待たされただろうか。やがて、「調査の結果何も発見されなかったので、これから機内にご案内します」とのアナウンスがあった。機体を変更したのかと思ったが、そうはならないらしい。本当に大丈夫か?と半信半疑のままヒヤヒヤしながら身が縮む思いで同じ飛行機に搭乗した。

予定時間を相当遅れたとのことでサンパウロ行きは省略され、その次の目的地であるリオデジャネイロに直行するという。それはそれで嬉しくはないのだが、それよりも何とか無事にリオまで行って貰って一刻も早くその飛行機から離れたいと心底思った次第である。

やれやれ、またも「楽あれば苦あり」か。

【再びのサンパウロ】

話を2004年に戻す。

今回のサンチアゴ会議の後の森林視察は、チリ中央部に近い林業の街コンセプシオンで行われた。この街の名前は、2010年2月にここで起きたいわゆるチリ地震とその甚大な被害が大きく報道されて世界的に知られる事になった。地震の大きな揺れと怖さを実感として知る身にはこうしたニュースは他人事ではなく辛い。痛ましく、不幸な形で有名になったが、我々が訪れたのはその5―6年前になる。そのときは景観も麗しく緑豊かな森林の街だった。

そして、懐かしのサンパウロ。馴染みのある飛行場からタクシーで市内へ。サンパウロでは中心街のセントロ地区にあるサンパウロ・ヒルトンに投宿しようと思ったのだが、移転してしまったとの情報があり、他のホテルに投宿した。

翌日から早速市内を散策。前年に長年患っていた腰痛の原因である発達性脊椎狭窄症の手術を受けたおかげでそれほど辛い痛みもなく歩けるのが嬉しい。まずは、30年前に初めて留学でサンパウロに来たときに勤務先の銀行のサンパウロ事務所が入居するビルがあったイピランガ通りを見たい。ここは、その事務所を訪れる際に常に往来していたとても馴染みのある目抜き通りの一つである。前述のサンパウロ・ヒルトンもこの通りに面していたので、ここに向かって歩いてみる。この通りにはリパブリカ広場という散歩には手頃なサイズの公園があって、ここには散在する小池の周りに亜熱帯らしい緑濃い葉と鮮やかな色の花の植物が茂り、公園を囲む四辺の道路に面した歩道には人形や飾り物などの民芸品、ブラジル産出の宝石や輝石、色鮮やかな絵画などの土産物や食べ物の出店が立ち並び、賑やかなサンバの曲やドラム音が流れる中、いつも多くの人出でごった返していた。

80年代半ばに米系銀行のサンパウロ支店に勤務していたときもこの地は中心街としての賑わいを見せていた。しかし、どうしたことか今回は何か昔の賑わいがなく、道路や公園も手入れが行き届かず、ごみが散乱していて寂れた雰囲気である。サンパウロ・ヒルトンも近づいてみれば、まだ建物は残っているもののいかにも廃墟ビルの様相である。後に聞いた処によると、街のファッショナブルな中心街は徐々にもっと南のいわゆる新興商業地区へと移り、ここは今では犯罪が多い廃れた区域になってしまったとのこと。

犯罪と聞いて留学時代のことをふと思い出して思わず身震いしてしまった。それは、ある週末の夜10時頃のこと。この付近のディスコに出掛けようと道を歩いていた。いつも通る広くて人通りも多い場所である。すると、反対側から来る3人組の男に呼び止められた。当時は腕時計をして歩いていると通行人に時間を聞かれることが良くあったので、腕時計を見てからふと相手を見ると、小さい拳銃のようなものがこちらに向けられている。

「え？」、「おもちゃ？」、「ふざけているの？」

などと今起きていることの理解が一瞬できず、頭が真っ白になったまま体が勝手に動いて振り向いて走り出してしまった。

「あー、撃たれるかもしれないー！」と背中に手を回しながら、必死に走って近くのホテルのロビーに駆け込んだ。追いかけて来るかもしれないと、ハアハア息切れしながら恐々とホテルの入口を見たが、さすがに追いかけて来ることはなかった。これは、何かの錯覚だったのか本当に命が危ないところだったのか混乱しながらロビーのソファーで落ち着くまで休んだ。もうディスコどころではない。同じ道を歩くのがなんだか怖くて、早くアパートに帰ろうとタクシーを拾ったが、今度は運転手が急に振り向いて銃を向けて来るのではないかとまで心配しながら帰宅した。後に友人にこのことを話すと。全員から「君はよほど運が良いよ。そんなことがあったら絶対に逃げてはだめだ。逃げれば撃たれて命を失うよ。お金より命だよ」と諌められた。

そんなことを思い出しながら、この地区の寂れ具合にときの流れの淋しさに捕らわれつつ、その後の80年代半ばに2年ほど暮らしたマンションの方向へ足を進める。

歩いていると、今度は1986年サッカーワールドカップを思い出した。確か、メキシコで開催された大会で、当時日本はまだまだ弱かったのでワールドカップには縁がなかったが、サッカー王国ブラジルは事情が異なる。ワールドカップともなれば、国を挙げての大熱狂である。日本人には馴染みの深いジーコなどもまだ現役の選手として活躍していた頃だ。ブラジルの試合がある日は、皆が気もそぞろ。家のテレビで観戦するために仕事を休んだり、半ドンにしたり、たとえ仕事場に居たとしても落ち着いて業務に励む環境ではない。実際、私の居た銀行も皆の気が緩むので犯罪が起きやすく、危険だと言うので閉店状態だった。私も試合の時間が近づくと仕事を切り上げて、タクシーを拾い、急いで今歩いているこの道を上って帰宅した。

試合が始まると市民全員がテレビに張り付いて観戦していると思われるほど街全体に緊張が漲《みなぎ》っている。試合が始まってブラジルがゴールしようものなら、周りの家のテレビからアナウンサーの「ゴーール！」の絶叫が響き渡る。続いて、街のあちこちから爆竹の音や歓声が鳴り響く。我が家では飼っていたシャム猫のタローが爆竹にビックリして飛び上がって毛を逆立てている。付近のマンションの窓からは喜びのテープ代わりにトイレットペーパーのロールや広告の紙をちぎった即席の紙吹雪が放り出されて賑やかなことこの上ない。そこまでの熱狂を感じない身には翌日の掃除はいかばかりか、などと余計な心配をするほど。ブラジルが勝った日は、夕方から街のあちこちでカーニバルが始まって、勝利を喜ぶ人たちでごった返している。反対に負けた場合は、街中がシーンとして葬式の様だ。

そんな景色を思い出しながら5分ほど歩くと、両側に道を覆うほどの鬱蒼とした見事に大きな緑濃い並木とその後ろに15階建てほどの高級マンションが立ち並ぶいかにもハイクラスな雰囲気が漂う広い道に出る。その一角に自分が住んだマンションがある。見ると、道路から玄関口に入る小道の入り口はフェンスで囲まれ、しっかり鍵が掛けられていて部外者の侵入を阻んでいる。以前にはなかったこの頑丈そうな柵を見るに、相当治安が悪化しているのだろうと察せられる。14階建ての8階に住んでいた自分の部屋の辺りを見上げると、急に日本に帰る最後の日の情景が思い出され、目の前にその日の自分、日本から訪ねて来ていた母、世話になったお手伝いさん、そして日本に連れ帰ることもできず泣く泣く彼女に託してきた愛猫のタローの姿が見えるようで、急に目頭が熱くなってきた。

このお手伝いさんはその後、十年後に起きた阪神・淡路大震災の朝に私の無事を心配して国際電話をくれた優しい人で、東京にいる自分はその地震をまだ知らずにブラジルからの電話に驚いて「急にどうしたの？」などと呑気な応対をして安心をされたことがあった。今でもご健在でありますように！

しかし、こんな治安が悪い街で怪しい男が熱い目でマンションをマジマジと眺めていると犯罪を企んでいる人間だと勘違いされること間違いない。次を急ごう。

次は80年代に働いた米系銀行のサンパウロ支店のあった場所へと向かう。リオのカーニバルに行った頃の勤務先だが、その付近は再開発で風景が昔とはずいぶん違っていた。昔の上司だった人はちょっと赤ら顔の愛想の良いイタリア系の人で、知人を通じて調べてみると、その後銀行を退職して何と市内のサンパウロ近代美術館の館長になっていた。連絡先を調べ、地図を頼りに興味津々でドアをたたくと相変わらずの優しい笑顔で迎えてくれた。互いの健康を祝い合って、それぞれの近況を報告しながら旧交を温めた。こんな遠方にいてこんな昔の部下のことをとても良く覚えてくれていたことがとても嬉しい。自分も元銀行員が現在森林管理に関係する仕事をしている訳だが、彼も美術館の館長とはこれまた大きな驚きであった。人間、その気になれば何でもできるものだ。

彼に関しては、面白い話を思い出す。ブラジル人である彼にとって英語は、上手とは言えやはり外国語である。昔アメリカに行った時の話で、レストランに入って席に着き、主食とサラダも頼んだ。すると、ウェイターが、「ドレッシング」は何にするかと聞くので、服の事を聞かれたと思い、スーツにネクタイですが、などと頓珍漢なやり取りをして恥をかいたとか。そうだよね、当たり前だけど。外国語で恥をかくのは何も日本人だけではないよね。私の友人はお世話になった人に「大きなお世話になりました」と言って笑われたとか。

そして、旧友たちとの再会。１９７７年に初めて勤務先の銀行の派遣によりブラジルに留学中にお世話になって以来ずっとコンタクトを続けていた当時のその銀行事務所の日系人秘書のテレザさん、タエコさん、マリアさんの三人と再会し、ブラジル名物の焼肉料理シュラスコに舌鼓を打ちながら互いの近況の報告や健康を祝す。当時まだ慣れないブラジル生活の中で日本に馴染みがあり、日本語が分かる彼女たちにはずいぶん世話になり、助けられた。

時代が前後するが、この中でタエコさんにまつわる面白いエピソードがある。

ブラジル留学から帰国してしばらくした80年代の初頭のある日、本屋に立ち寄って当時人気のコピーライターの林真理子氏のエッセイ集を買い、読んでみた。今でこそ作家として確固たる地位を確立している彼女も当時はまだ駆け出しであった。そのエッセイの中に、山梨県の高校生だった頃に彼女が憧れていた同じ学校のサッカー少年がいたという逸話があった。その彼は、その後大学に行き卒業すると何とブラジルに移住してしまったと。

「ん？ 山梨県の高校？ サッカー少年？ ブラジル？ エノキハラ君？」あれ？ 先ほどのタエコさんのご主人は、エノキハラさん、出身は山梨県、サッカー好き、ブラジル在住。何かすべてが一致だ！ え、あのエノキハラさんのことがテーマになっている！と驚くやら、愉しいやら。ではあるが、林さんにお目に掛かる機会などあろうはずもない。

そして、そのまま三十数年。ここで急に話が現在になるが、２０１９年の秋、イギリスの有名なロイヤルバレエ団出身で世界的なバレリーナの吉田都さんが文化功労章を受章し、そのお祝いとしてとある企業のオーナーの主催でその祝賀会が開催された。その企業所有の瀟洒な会食施設に30名ほどの著名人が集まって華やかな夕食会となった。本来私などはこうした会合には縁がないのだが、吉田さんの友人の友人ということで幸運にも招かれた。

晩餐が始まり、出席者によるそれぞれの自己紹介の後にちょっと遅れて林真理子さんが登場した。

おー！ これは稀に見る一隅のチャンス！ 食事が済んで、気軽なお喋りの時間になったので、早速自己紹介も兼ねて林さんにご挨拶。「ブラジルのエノキハラ君」のエピソードに触れ、自分が以前ブラジルのサンパウロに住んでおり、その際にエノキハラさんと親しくさせて頂いていたことや夫人が私の友人で二人は私の家で知り合ったことなどを紹介。するとこちらからタエコさんの名前を出す前に、彼女から、「あー、エノキハラ君。タエコと結婚したんだよね！」と夫人の名前までご存じだったことにこちらがびっくり。さらに、真面目な顔で「私から妻の座を奪った女！」と宣ったので、またまたびっくり。本当にユーモラスな機転が利く、愉しい女性なのだなと改めて感心した。こんな訳で豪華かつ愉しい食事会であった。

さて、話を今回のブラジルに戻してこのエピソードを終える。

以前から音楽好きな私は、大好きなブラジルのポピュラー音楽のCDが日本にはなかなかなかったので、これは良いチャンスと帰国の前日にサンパウロの街中でCDショップを見つけ、お目当ての歌のCDを購入。「ロマリア」というタイトルの貧しい生活に生きる敬虔なクリスチャンの悲哀を歌った曲、「ロンダ」という失恋の悲しみのあまり犯罪を犯してしまう辛い恋の曲、「11時の汽車」という曲で、これは好きな彼女と夜までずっと一緒に居たいけど、母が一人で待つ家に帰らなければ、と嘆く男の子の哀愁に満ちた歌など。ブラジル音楽は軽快で情緒溢れる音楽が多く、日本でも大変人気が高い。今でも、カフェやレストランで流れる耳に心地良いバックグラウンド音楽にはブラジル音楽が多い。
それにしても、地球の反対側。遠いなー！

プラハの秋

2005年のチェコ共和国

この年の秋、ブラッセルで開催された会議からの帰国途中で、以前から関心を抱いていたチェコのプラハを訪れた。我々の世代でチェコと言えば、1964年の東京五輪の女子体操の金メダリストとして日本でも人気の金髪美女チャスラフスカと1968年にソ連によって無残に制圧されたチェコの民主化運動「プラハの春」が思い出される。もっとも、もう少し下の世代であれば、体操と言えばチャスラフスカよりもむしろ1976年のモントリオール大会で女子体操金メダルを取ったルーマニアのコマネチの方が馴染み深いかもしれない。もっとも若い人にはそれさえ昔の話か。

プラハ国際空港から東京で買った観光本と地図を頼りに市内行の電車に乗り、予約済のホテルの最寄り駅に着いた。スーツケースを引きずりながらホテルの方向に歩くと、左程迷うこともなく目的地に着いた。旅装を解いて少々休憩をしてから早速市内見学。プラハの街は市内を蛇行して流れるヴルタヴァ川と傍らの小高い丘の上にあるプラハ城の中世ヨーロッパを思わせるその姿が有名である。

ホテルから川の方向に向かってしばらく歩くとやがて川岸に着き、そこにはいきなり息を呑む美しさの街が広がっていた。秋の風情を強く漂わせて午後の日光に映える岸辺の草花、ゆったりと流れる川面、そして川の向こう側には小高い丘とその頂上にお城。

中世の街と言うが、文字通り古風な雰囲気が漂い、秋の微かな霞が川の上から街全体にかかり、赤茶色に統一された屋根の色や形、教会の塔、それと黄、茶そして赤茶に染まる木々の葉などの色合いと街の風情が見事な調和を見せており、遠くに望むプラハ城の美と相まって目に実に優しい。この絵本の様な風景に魅せられていると、ふと「こんな美しい街と巡り会って、この景色を堪能することが許されるに値するような良いことを自分は何かしたのだろうか？」との思いが頭を過った。

思えば、海外を訪れてこれと同様の感動を覚えたことが他に2度あった。一つはリオデジャネイロでのカーニバルで踊ったこと、そしてもう一つはケニアでサファリを経験したことである。その度に同様の想いが過ったことを思い出す。今回はこれにプラハを加えて、自分の人生における三大感動イベントが出揃った。すなわち、リオ、ナイロビ、そして、プラハである。ナイロビの時も大草原の心地よい空気と風に包まれて眼前に広がるサバンナの大草原と遠くに見える野生の動物を車の中から眺めている時に、ふと、「こんな素晴らしい経験をさせてもらえるような良いことを自分は何かしただろうか？」の思いが過ったものである。

これまで自分も様々な国や街を巡る機会に恵まれて、それぞれに個性や美しさがあって感動を覚えてきたものだが、何かこの街には特別な美しさを感じた。ヨーロッパ旅行に行くならどの街がいいかと聞かれれば私はプラハを勧める。

プラハ城に向かう道の両側には色とりどりの土産品を売る店が並び、愉しく賑やかである。腰痛を抱えての散策なので、近くのカフェを見つけては一杯のコーヒーを飲んで腰を休めてはまた歩く。そんなペースでしばらく歩くと、道の先に馴染みのマクドナルドの看板が見える。こんな時は気負わずに入れる日頃から見慣れた風景は有難い。

一服してからまた歩き出す。すると、城へと続く道がやや右に上り坂になってきた所で、左側に地味な看板が目に入った。見ると、英語で「中世拷問博物館」とあるではないか。「え？」と思いつつそのまま通り過ぎようかと思ったものの、ムクムクと怖いもの見たさの好奇心が湧いてきた。西洋史などで中世ヨーロッパの宗教裁判や拷問、魔女の処刑などについては知っていたし、その無慈悲な残酷さについては信じ難い思いでいた。しかし、その「知識」ではない「現実」の一端がここにあると思うと、それを垣間見てみたいと言う妙な誘惑に惹かれ、看板に従って左に曲がってみた。すると、やや奥まった所にその建物が見えた。好奇心は目一杯だが、怖さとある種の後ろめたさと恥ずかしさを感じて、ちょっとたじろいだ。戸惑いながら入り口付近を見ていると、数人の若い白人観光客が切符を買っていた。ちょっと勇気が湧いて、切符を買った。

恐る恐る中に入る。薄暗い館内にはどれもおぞましい責め具が小さい照明の下にポツンポツンと展示されている。それぞれの脇には数カ国語でそれがいつ頃どこで発明され，どの様に使われたかの説明があった。モノがモノだけに妖しい空気がどんよりと澱んでいて肩が重くなりそうだ。展示物の一つに重量感たっぷりの鉄製のひじ掛け椅子が有り、良く見ると背もたれ、台座、肘掛けにビッシリと無数の鋭く細い鋲《びょう》が据え付けられている。針の筵という言葉があるが、これは文字通りそれだ。

「ヒャー、こんなモノに座らされたのかー！」

壁の説明を見ると、どこの国で何年頃に発明されたとの解説があった。その肝心な部分は覚えていないのだが、妙な関心と感心を覚えたのは、「その後ドイツで改良された」の部分であった。ドイツはその真面目さと精密さで、車や各種の機械工業に代表される工業技術の進んだ国として名声が高いが、昔からこんなモノの「改良」に対しても真面目で精密なんだなあと何だか可笑しかった。それにしても、こんなモノが冗談ではなく、本物の人間に使われたのだと思うと身震いする。

他にも、頭を上下から挟んで頭蓋骨や顎の骨を砕くほど締めあげる責め具。1―5メートル位の長さだろうか、目の粗い弓型の鉄製の鋸。説明によると、これは人を開脚で逆さにして股間から身体を真二つに割いていくものらしい。説明書きの無造作さと想像される実際の場面の凄惨さのギャップに頭が付いて行けず、クラクラしそうだ。

さらには、2―3メートルの高さの金属製の丸い杭が一本だけシンプルに展示してある。直径は10センチメートル弱くらいだろうか、先端は尖っている。説明では、罪人や捕虜を上まで吊り上げ、股間にその杭が食い込むように宛がい、体重で少しずつその杭が身体を貫くのだそうだ。

想像するだけで身を竦《すく》ませながら、恐る恐る他の人たちはどんな感覚でこのような展示物を見ているのだろうかとそっと他の入場者の様子を窺ってみたが、やはり物静かに小声で互いに囁きつつ見つめている。自分がたった一人でこんな展示物を見ているのではないことを再確認してちょっと気が軽くなるが、「あー、もう十分かも！」と思い、それ以上気分が悪くなる前に出口に向かった。

一転して、外は相変わらず絵のように美しい街並みや城、のどかな秋の風情が何事もないかの様に広がり、観光客が溢れている。ヨーロッパと言うのは実に不思議なところだなあと妙に感心した。美麗な絵画や工芸品、壮麗な城や教会などの建築物、そしてこの様な悍《おぞま》しい歴史の証人がひっそりと共存している。もっとも、これは何もヨーロッパや過去だけに限られた話ではなく、どこの国にもどの時代にも通じる事でもあり、綺麗ごとだけでは済まされない人類の暗部が暴かれたものであるのも事実だ。「おー、怖い、怖い！」。

翌朝はガイドブックを頼りに、まずは超有名なカレル橋まで歩く。14世紀に造られた最古の石橋。約５００メートルもの長い欄干に30の聖人像が立っていて、独特の雰囲気が有り、観光名所の一つである。歩いているとアジア人の20名くらいの観光客グループがガイドの説明を受けているところだった。そっと寄ってみるとなんと日本語だったので、「しめた！」と説明に耳を傾けた。海外訪問は出張の場合が多く、団体旅行とはあまり縁がなかったが、こうして愉し気な様子を見ると予め設定されたプログラムに従ってグループで日本語で楽しく外国の名所を見聞するもの悪くはないなどと感じつつ、次の目的地に急いだ。

もう一人のチェコの有名人と言えば、「変身」の著者カフカである。カフカの生家跡が彼に因む展示物の博物館になっており、これも観てみたかった。私は若い頃からあまり文学少年ではなかったので、世界の文学や有名な小説、作家に詳しくはなかったが、大学の一年生の時の英語教育の中でカフカの「変身」を英文で読まされ、その難解さに大いに頭を悩ませたことを思い出して、思わぬところで懐かしさを味わった。

一度ホテルに戻って休憩の後、夕方に夕食と土産品の買い出しを兼ねて旧市街まで再度散策に出る。旧市街の広場の中央には、これも有名な歴史上の人物像がその中央にある。言うまでもなく宗教改革で名の知れた14―15世紀のチェコ人の宗教家ヤン・フスが火刑に処されたのがここである。

ヨーロッパの街の中央にある広場と言うのは大概が昔の罪人の処刑場として使われた血生臭い歴史を持っており、友人のドイツ人によると大した娯楽もなかった昔は罪人の処刑は一大娯楽イベントで、市民は弁当やワインなど持参で見学に出かけ、処刑の瞬間は大変盛り上がったのだそうだ。暗い歴史の一面を覗くと、広場の周囲の建築物の美しさと賑わいが際立ち、このアンビバレントな対比は人間の本質そのものを表しているのだろうと、またまた思い知らされた。

さて、土産物だが、やはりチェコとなればボヘミアングラス。広場の四隅は色や形とりどりのガラスの工芸品を所狭しと並べている土産物ショップがひしめいている。しかし、もう閉店時間らしい。明日は早朝から空港に向けて帰路につく予定なので、買い物の時間がない。一つの店で閉店をちょっと待ってもらい、ゆっくりとあれこれと物色する暇もないままに、目に入ったのは藤色と金の手塗りの装飾がついたワイングラスのもの。手にするとずっしりと重量感があってとても上品。本物のボヘミアングラスでもあり、安いものではなかったが、自分用と二人の姉に一つずつ同じものを合計三つ買って、大満足でホテルに帰る。

グラス

ザルツブルグでサウンドオブミュージック

２００７年のオーストリア

ザルツブルグ、それは我々の世代には言わずと知れた大ミュージカル「サウンドオブミュージック」所縁《ゆかり》の街である。２００７年の秋、ブラッセルで開催された会議からの帰国途中に青春時代の想い出の映画の地、モーツァルトの生地である音楽の街ザルツブルグを訪れた。映画のシーンや歌などを回想しながら街なかをそぞろ歩けたらさぞ楽しかろうと。

空港から街へのバスから見えるアルプスの山間の景色は、遠くに微かに霞がかかり、柔らかい日差しの中に黄色や薄茶に染まった木々が穏やかに美しく映える。ザルツブルグは、中心をザルツアッハ川が流れ、両側に散在する教会は薄茶や黄色、クリーム色など落ち着いた色合いで、それぞれが十字架を掲げた薄緑の丸や三角の尖塔を戴いている。

ホテルで落ち着いてから、まずは市内散策。中心街の小道の両側にはモーツァルトに因んだ柄のマグカップ、写真立て、チョコレートなどカラフルな土産品を所狭しと並べる土産物の店が並んでいて訪れる者の目に愉しい。山間の街の清々しい空気を吸いながら歩いていると、付近の駐車場のスペースの一角に物売りブースをやや大きくしたような小さい建物が目に入った。入り口に市内観光のプログラムを宣伝する看板が立てられているので、どれどれどんなツアーがあるのかと覗いたら、その中の一つに「サウンドオブミュージック・バスツアー」と言うのが目に入った。

「おー、これこれ！」

ザルツブルグと言えば何と言ってもサウンドオブミュージックだ。若い頃に大流行したこのミュージカル映画の歌やシーンが蘇ってくる。「ドレミの歌」などは何度聞いたり歌ったりしたことか。嬉しさと興味津々で店内に入った。懐かしいこのミュージカル映画のストーリーの地元であり、聞けばこの映画に因む場所をガイドさんの説明付きで巡るツアーだという。まさに渡りに船。日本語でもツアーがあるらしいが、ある程度の人数が集まらないと開催できないとのことだった。特に日本語にこだわる必要もないし、英語のツアーの方が当然プログラム数も多く、時間的にも好都合なものがあったので、早速翌朝出発のツアーに申し込む。ああ、楽しみだ。

翌日、朝食を済ませて例の観光業者の事務所に向かう。天気は気持ちの良い快晴で幸先が良い。ラッキー！　中年の白人女性のグループが色取りも派手な服を着て、すでに何人か集合している。時間が近づくと参加者が集まって来たが、英語によるツアーと言う事もあって、国籍までは不明ながら話している言葉も多様だ。中年の男女が総勢20人くらい集合したところでバスに乗り込む。バスのボディーには映画の冒頭の部分のジュリー・アンドリュースやトラップ家の子供たちの大きな絵が派手に描かれていて気分を盛り上げる。外見も、言葉も多様なグループだが、皆がサウンドオブミュージックのファンであることは共通だ。やがて、これも中年の小太りの女性ガイドが乗り込んで、さあ出発。

まずは、ガイドの自己紹介。続いて、ザルツブルグの紹介、そしてサウンドオブミュージックの映画の制作などに関わるエピソードや解説が始まる。しばらくすると、車内のテレビ画面に映画のシーンが映し出される。アルプスの山並みが上空から映し出され、音楽が流れる中、画面はやがて緑の山中の開けた丘のような場所にフォーカスし、そこに主人公マリアが現れ、くるくる回りながら唄い始める。「The hills are alive with the sound of music～♪」ファンにはお馴染みの冒頭のシーンである。バスの中では早速ルンルン気分が盛り上がり、すぐに大合唱となる。この映画の始まり方は、もう一つのミュージカル映画の大作「ウェストサイド物語」と同じだ。マンハッタンの摩天楼を上空から映し、徐々に町の中を歩く主人公にフォーカスする。車内の大変な盛り上がりに調子を合わせて、自分もぞくぞくして来た。何せ、青春時代の大好きな映画なのだ。

すると、早速ガイドからの映画制作の裏話。映画の冒頭で主人公の修道女マリアは教会の鐘が鳴るのを聞いて、「礼拝に遅れちゃうー！」と焦ってその丘の野原から修道院まで走って行ってちょっと遅れて着く。すると、他の修道女たちが、「いつも遅刻でダメな娘だけど、憎めない娘〜♪」と唄うのであるが、現実はその場所から修道院までは数キロもあって、とても若い女性が数分で走って行ける距離じゃないとのこと。いきなり「へー！」と皆が驚き、呆れながら、爆笑。

映画の進行に沿って次の所縁の場所に向かう。バスは畑の様な原っぱの中のポプラ並木の小道を走り、薄茶の壁と白の窓枠の美しい宮殿の近くに停車。バスから降りると、何だか見たことがあるようなこの小道。ガイドの説明を待つまでもない。そうそう、ここはあの場面だ。お転婆なマリアを淑やかな大人の女性に育てようとの修道院長の計らいで、子供が多いやもめ軍人の家族の下へ家庭教師として彼女が送り込まれることになり、マリアがその家に向かった小道だ。

厳格な軍人であるトラップ大佐一家が住む宮殿へ慣れない家庭教師として向かうマリアが、ギターケースをぶら下げて不安な自分を奮い立たせる歌を「私には自信があるわ〜♪」と唄いながら歩き、そして門の前で武者震いをして意を決して小走りで宮殿に入っていくシーンのその場所である！

「あー、確かにここだ！　実際にここにマリアが居たんだ！」

この宮殿の裏には小さな湖があり、晴れていたこともあって湖面はこの美麗な白い壁と周囲の緑の木々を逆さに映して、静かで落ち着いた雰囲気を見事に醸し出している。

バスは宮殿を湖の反対の岸から見ながらこの湖を半周する。映画では、静かなこの湖の岸で子供たちを自由に遊ばせ大佐から子供を甘やかすなとこっぴどく叱られたマリア。映画の通り湖水と周辺の木々の調和が上品で美しい。バスの窓から顔を出してその様子を堪能していると数人の中学生ふうの地元の子供たちが自転車で通りがかり、こちらを見るなり明るく、

「ニーハオ！」と声をかけて来た。すかさず、

「ノーノー、コンニチハ！」と返すと、

「コンニチハ！」

と元気な声が返ってきた。子供たちの素直で気持ちの良い反応が爽やかで嬉しいやり取りだった。まるで、映画のようではないか。

そして、さらに映画のシーンに合わせて大合唱が続く中、バスは進み、映画では16歳の長女が厳しい父親の目を忍んで一つ年上の少年と会い、夕方の青い薄明りの中でそぼ降る雨が白い外壁にしたたる庭園パビリオンの中で若い愛を歌い、踊るシーンに使われた場所へ。

この白い八角の枠にガラスをはめ込んだパビリオンもとても趣味が良くて素敵だ。

「ああ、これこれ！」と思わず声が上がる。

「私は16歳、もうすぐ17歳～♪」と歌う長女の姿が思い出される。

そして、ザルツブルグの街の景色も子供たちがマリアに連れられて歌いながら歩いた川岸や公園など映画そのままで、今にも子供たちが歌いながら出てきそうだ。

ツアーの最後は、映画でトラップ大佐とマリアが結婚式を挙げたモントゼーの大聖堂。8世紀のローマ時代に所縁のある古く、歴史的な村である。当然ながら観光名所の一つであり、ここの土産店で日本語の観光ガイドを購入した。

ツアーが終わってバスから降りても、しばらくはサウンドオブミュージックの好きな歌を自然に口ずさむ様な、忘れがたく楽しい、愉しいツアーであった。

なお、この映画に因む一つの追加エピソードであるが、この映画は何と現地の人々の間では不人気で、知らない人が多いのだとか。理由はいろいろあるのだろうが、話としては実は当時オーストリアはヒトラーが統治するドイツに併合されており、この話はそこから逃亡する軍人一家の話であることや、映画制作としてはアメリカ人が大挙してやってきて地元の人々にあまり関わりなく勝手に作った映画であると言うようなややネガティブな感情があるらしい。成るほどね。

マリアの小道

迷路のベニス

2011年のイタリア

２０１１年秋、スイスのモントローで開催された会議からの帰国の途中に、イタリアのベニスを訪れた。この街は我が「ジパング」の名とその存在を世界に知らしめたマルコポーロに因みのある街なので、一度訪ねてみたかった。ましてや、地球温暖化でやがては水没してしまいそうだとのニュースを聞くに至っては一刻も早く間に合ううちにとの思いもあった。

アルプスの山並みを眼下に望みながら、飛行機はベニスに向かう。やがて、高度が下がり、窓には中世の名残りを色濃く残す数々の名高い建物が眼前に迫り来て、その名もマルコポーロ空港に着陸。ベニス行の船着き場へはバスでの移動となる。そこからはベニスのシンボルであるサンマルコ広場の船着き場までフェリー船で移動。いかにも運河の街ベニスらしい旅のイントロである。

さて、ルネッサンス調の壮麗なサンマルコ寺院やドゥカーレ宮殿、シンボリックな時計塔などに囲まれたサンマルコ広場の船着き場でスーツケースを下ろし、引きずりながら予約をしておいたホテル探しが始まった。ベニスは以前からテレビや本などで何度も観たまるで美術館のような芸術に溢れる街で、散策するのも楽しみであるが、ゆっくり見物するのは後にするとして、取りあえずはホテルで落ち着きたい。

しかし、ここは世界に名だたる路地と水路の街。地図は当然持っているが、いざホテルを目指して広場から一歩路地に入ると、狭い道は両側がレンガの建物の壁に挟まれていて遠景が見えず、自分の居場所が掴みにくい。前に歩いても左右に曲がっても似たように塞がれた狭い路地が続いて方向感覚が掴みにくい。まるで迷路だ。

「ここはどこ?」と叫びたくもなるが我慢しかない。そうだ道路名が分かれば、とビルの壁を見るが、なかなかそんな標示も見当たらず、地図がまったく役に立たない。この救い難い状況で汗はタラタラ、おまけに腰痛である。重くて大きい文字通りの「お荷物」であるスーツケースを引きずりながら、永久にホテルには着かないのではとの絶望感が迫る。

叫びたい気持ちを抑えて歩いていると、普段当たり前のように利用しているタクシーの有難さが身に染みる。加えて、しばしば水路が道の下を横切るので、その部分は5―6段の階段を上下することになる。その度に「どっこいしょっ」とスーツケースを引っ張り上げなければならない。名物の水路が逆に恨めしい。

前方の水路のちょっと先を見ると、岸に小さなカフェがあって窓際の席からコーヒーで寛ぎながらこちらの様子を見ている観光客の男性がいる。こちらの四苦八苦や必死の奮闘振りが可笑しく映っていると見えて、ニヤニヤ笑っている。こちらは、必死なのだが、多分よそ目には不格好で面白い図になっているのだろう。悪気がないのは分かっていても「人の気も知らないで冗談じゃないよー！　助けてよー！」と心で叫びながら、顔ではトホホ状態の惨めな愛想笑いで応えるしかない。

そんな中、ふと傍らの建物を見ると、なんと地図にある路地名を発見！　ようやく、自分の居場所とホテルへの道筋が見え、なんとかホテルを見つけることができた。救われた気持ちでチェックイン。ホテルでシャワーを浴び、ベッドに横たわって、疲れ切った気持ちと体を休めることができた。こんな予想外の展開に、「あー、しんど！」。

翌日は良い天気だった。早速、まずは前日に通ったサンマルコ広場まで散歩。有名な観光スポットなのですでに大勢の観光客がいた。アジア系の顔つきの団体が多く、近づいてみると聞こえる会話から中国人だと分かる。途中通ったやや大き目の水路にゴンドラが浮いていて、船上で楽しそうに会話をしているカップルもアジア人の顔立ち。大きめな声の会話が聞こえてきたがやはり中国語だった。「一昔前ならおよそ日本人だったのだろうなー」、と時代の変遷に溜息。

概してイタリアの街はその歴史を反映して、古い装飾的な石造りの建物、あちこちに有る彫像やモニュメントなどが立ち並び、まるで美術館の様であるが、この千数百年の歴史を誇るベニスの街も、どこを切り取ってもそのまま油絵になる様な風景だ。特に、古く苔むす運河沿いの建物の壁、それらを映す運河の水など独特の風情であり、世界中の人を魅了する所以だ。温暖化で水没の可能性があると言うのは余りに残念で惜しい。

石造りの屋根付きの橋で有名なリアルト橋あたりから運河を見ると、一瞬見たことが有る様な思いに駆られた。そんなはずはないと思ったが、考えてみるとそれは東京のディズニーシーだった。よくもまあこれだけ上手にコピーできたものだと感心をした。

ベニスと言えば、マスクをつけたカーニバルで有名だ。そぞろ歩く路地にもカーニバルのマスクが溢れるショーウィンドウの土産物店が所狭しと並んでいる。妖しい仮面をつけ、中世風の衣装を身に着けた地元市民がパレードをしたり、路地を走り回ったり、パーティーなどで騒いで興じる様子は映画でも見た。日本にも様々な祭りがあるが、伝統を映したこんな祭りはぜひ残してもらいたいものだ。リオのカーニバルを経験した身としては、このベニスのカーニバルもぜひ観たいものだ。

そして、もう一つのベニスの産業と言えば、ムラノグラスで知られるガラス工芸品。これも様々な色や形のガラス工芸品がマスクと並んで数ある土産品店のショーウィンドウに展示されていて、どれもユニークで彩りがとても美しい。

何かを記念にと思って、覗き込むと洒落た一対の男女のガラス人形が目に入った。素敵だったのでこれを土産にベニスの思い出とした。

長い歴史を刻み込んだ美しい建物、細い路地、そして水路とその水面を走るゴンドラ。やはり、この街は仮面カーニバルがいかにも似合うどこを切り取っても絵になる風光明媚な街であった。でも腰痛持ちの人はくれぐれもご注意の程を!

ヨーロッパ団体旅行

2016年のドイツ、スイス、フランス

２０１６年の春、約50年ぶりに姉と旅行をした。若いころ１９７０年の大阪万博で大阪を観光し、その足で南紀を二人で旅行して以来である。まだ、１９６４年の東京オリンピックの盛り上がりが冷めやらぬ中で、急上昇する日本経済や世界における日本の政治的な立ち位置の向上を象徴するように、万博は世界中から科学技術の粋を集めた多数の展示館で賑わい、大変な盛り上がりだった。日本は元気だった。

今回は母が無事老人ケア施設に入居し、それまでの介護生活から「解放」された私の自分へのご褒美と、それ以前に長い間母と暮らして生計を支えて来た姉への労いと感謝の気持ちでビジネスクラスで行くヨーロッパ10日の旅に招待した次第である。

ヨーロッパへはこれまで何度も訪れたが、ツアーコンダクター付きの日本人団体旅行は初めてである。自分はこれに慣れなかったのであるが、姉が希望する訪問場所の数が多く、また手続きの手間がかからないので、団体旅行が楽で良かろうと考えた。自分としては、ここ数年腰痛が悪化しており、団体旅行のペースについて行けるかという懸念はあったが湿布や薬で何とかなるだろうと決心した。

【空港にて】

成田空港の団体待合場所にはすでに同じツアーに参加する何人かが到着していた。これまで海外の空港や観光地で小旗を持ったガイドに連れられてグループで行動する日本人のツアー団体を見るにつけ、ちょっと上から目線で冷ややかに見ていた自分であったので、この旅行はどこか後ろめたさというか気恥ずかしさを感じると同時に日本人同士と言う一種の気軽さや安心感もあった。

我々の列のすぐ隣にはロンドン行きのグループが集まっていて、先頭のカウンターを見るとなんと「ベビーメタルロンドン公演ツアー」との看板があった。これには驚いた。14―15歳の美少女3人と5人のミュージシャンによるヘビーメタルのバンドのユニットである。このバンドが少女のキレッキレのダンスと技術の高いヘビーメタルの音楽の演奏で内外のファンを魅了し、海外コンサートには数千人の地元ファンが熱狂を繰り広げている動画をインターネットで見て自分も感心していたからである。それをロンドンまで見に行くツアーがあることに感心したが、さらに、その参加者が主に中高年だったのでその点にも驚かされた。

【機内】

空港のビジネスクラスラウンジでちょっとリッチな気分で搭乗を待つのも嬉しい。いよいよ搭乗して席に着き、あとは出発を待つばかり。だが、隣の姉の席を見るとどうも居心地が今一で落ち着かない様子。聞けば、小柄な姉にはビジネスクラスの席は広すぎて、席の前の雑誌ホルダーに手が届かない、テレビモニターが遠くて視力が弱い姉には見えにくく、どうにもエコノミークラスの方がむしろ居心地が良いと宣う。枕を二枚借りて背中に充ててなんとかしたもののまったくの想定外の事態に、「貧乏性もいい加減にせい！」と大笑い。

【ドイツ】

ドイツに着くと、最初の訪問地はライン川下りの出発地リューデスハイムである。絵本に出て来るような色や形の街並みでワインでも有名な街である。ホテルに落ち着いて旅装を解き一休みすると間もなく夕食の時間。これはフリータイムになっているので、早速街の散策を兼ねて適当なレストランを探す。暮れ泥《なず》むヨーロッパの春の優しい明るさが残る街のメルヘンチックな建物に挟まれた狭い路地は清潔感があり、ゆっくり歩くといかにもヨーロッパに来た事を実感して心が弾み、愉しい。両側に並ぶ土産品店を覗いたり、バーやレストランの佇まいやそこで愉しく時を過ごす人たちを眺めながら、やや大きなレストランを見つけて入る。空いた席を見つけて早速メニューを頼む。

レストランでメニューを見ながら料理を選ぶのはいつも面倒に感じる。羅列される料理名に詳しくないし、なにかに拘って蘊蓄《うんちく》を傾けるつもりもないしね。せっかくのワインの街なのだけど、まあ、まずはビールで乾杯。ドイツ料理はチーズやソーセージなどが中心の素朴なものが多い。

店内は落ち着いた雰囲気の中で地元の人達がワインやビールを飲みながらゆったりと会話を楽しんでいる。優しい顔をした年配の男性が席を回ってバイオリンを奏でてくれるのもヨーロッパ風情があって素敵だ。金髪のウェイトレスは絵本に出てくるような赤や青の色鮮やかな愉しいドイツの民族衣装でお酒や料理を運んでくる。ニコニコ笑顔で愛想がよく、良い気分にしてくれる。食事が終わって、このウェイトレスさんとの記念写真をお願いすると、笑顔で了解してくれた。

翌朝は天気も良く川下りにはもってこいの日和。ツアーの始まりでもあり同行の観光客たちもとても上機嫌で笑いが絶えない。川の両岸は緑美しく、あちこちに散らばる中世風の小粒な建物が全体の景色に調和して目に優しい。俄か仕立てのカメラマンになった姉は景色の撮影に忙しい。すべてを思い出に残したいからなのだとか。有名なローレライの岩も見た。

船旅が終わると、いわゆるロマンティック街道をバスで走る。ガイドさんによるとこの街道の名付け親は日本人観光客なのだそうだ。多くの日本人観光客で賑わうことで観光地としてのこの街の名声が上がり、地元経済の発展にも大きく貢献したのだそうである。

次に訪れた名所は、古城で名高いハイデルベルグである。さすがにここは日本人だけでなくいろいろな国からの観光客が溢れている。ディズニーランド城のような典型的な城ではなく、むしろ砦ふうだ。ガイドさんに引率されて中に入ると、薄暗い城内に巨大な古いワイン樽があった。直径で人が上下に3－4人位は立てるほどの何万人分のワインを醸成する樽だそうだ。さすがワインの生産地だと感心しながら城内を見学。一通り回って出口に向かうと通路の脇に通常のサイズのワイン樽が二つ横に揃えて置いてあった。こちらは新しい色合いの樽で、上の方に何かのマークが印字されている。メーカーのマークかと思って目を近づけるとなんと「ＰＥＦＣ」のマークである。我が認証制度の認証を受けたドイツの森で育った木を使っているという訳だ。うわー、これは嬉しい！　自分の仕事に直結する事がこのような観光旅行で見られるのは嬉しく、誇らしい。ガイドさんにこのマークの意味と自分の仕事のことを説明せずにいられなかった。ガイドさんも感心することと頻りであった。

次の街だったか、観光プログラムの中に地元ビールの飲み比べと言うプログラムがあって、各種の地元ビールを提供しているビアホールのような場を訪れる。喉も乾いたし、ちょうど良いとビール好きな姉も楽しみにしていた。テーブルに座ってどんなに美味しいビールかと待ち詫びていると、程なくテーブル上に小さいグラスに色も風味もそれぞれ多少異なる数種のビールが並べられた。ビールに特別な思い入れもない私は、そこそこ美味しいと思いつつ楽しんだが、隣の姉はあまり飲みかたも進まない様子。どうしたのかと尋ねると、「不味い！」と一言。どうやら日本のビールの方が数段美味しいらしく、期待を裏切られてガッカリしている様だ。数種類のビールのどれにもほとんど手を付けてないのが、相当な不満足を表している。残念でした！

【スイス】

その日の夕食はスイスに向かう山間の道すがらのレストランだったが、こちらも姉の箸（フォークか）が進まない様子。こちらも単純な塩っ気がするだけで美味しくないそうだ。食事も旅行プログラムに含まれているので勝手な物を注文するのも気後れするし、これは我慢するしかない。どうも食事にはあまり期待できそうもない。

翌日、バスは国境を越えてスイスに入る。さすがに山中の国だけあって、行く道の周りに見える風景は山並みと谷だけ。バスは、いよいよ目的地の登山電車駅に到着し、ジグザグに進みながら高度をグングン上げる登山電車を乗り継いで、終着駅は名峰マッターホルンの頂上やアルプスの氷河を近くに仰ぐことができる建物である。なんと富士山頂よりも高い場所である。建物の中は休憩場所や土産物の販売店があり、観光客でごった返している。アジア人が多く、耳にする会話からして中国人と韓国人の団体らしい。それにしても日本人は少数派で、もともと大声で話すことが得意ではない日本人は目立たず、やたらに韓国人たちが元気でガヤガヤと喧《かまびす》しい。

「しばらく時間があるので建物から外に出て周りの山々の景観を楽しんで下さい」

とのガイドさんの指示で同行の人たちも親しい少人数グループに分かれて嬉しそうに外に出て行った。同行しようとしたが、何だか軽い吐き気を覚えて元気が出ない。なんと、こんなにでかい図体の自分が酸素不足で歩き回れず、小柄の女性たちは元気に外に出て素晴らしい景観を満喫している。予想外の展開で「ああ悔しい、情けない！」と思うが、吐き気には叶わない。対処しようもなく、恥ずかしくも建物の中の休憩場所で大人しく皆の帰りを待っていた。トホホ。

山上での観光が終わり、下山して乗り換え駅で電車を待っていると、アニメのフランダースの犬の主人公の犬パトラッシュにそっくりの犬を連れている30代くらいの白人男性がいた。日本人には馴染みのある風貌の犬なので、「あ、パトラッシュだ！」と言って忽ち周りに人集《だか》りができる。この男性はアメリカ人だと言うことだったが、日本人がこの犬を見ると寄ってくることに慣れていて、嫌がらずにニコニコと愛想よく相手をしてくれる。汽車による下山が続き、やがて呼吸も大分楽になって来た。しばらくするとフランスに向かう汽車に乗り換えるため、ローザンヌ駅に着く。

ここは言わずもがな、若手バレエダンサーの登竜門である国際バレエコンクールが毎年開催される街である。１９８３年に吉田都さんが見事にローザンヌ賞を受賞され、日本人で初めてイギリスのロイヤルバレエ学校への入学を果たされたのがここであるが、ちょうどこの旅行の２か月前に吉田さんにお目に掛かってここでの経験などを直接お聞きしたり、ご著書を拝読したりしたこともあって、ちょっとだけご縁のようなものを感じる街でもある。その後、彼女に続く日本人バレエダンサーがここでの受賞を切っ掛けに世界各地で活躍をしているのも誇らしく、頼もしい限りである。

【フランス】

フランスではまず世界遺産のモンサンミッシェルが最初の訪問地である。8世紀の初頭に、引き潮時に陸側につながる小島の上にキリスト教の司教が大天使ミカエルからのお告げに従って建てたと言われる修道院がある。一見するに、適切な譬えではないかもしれないが、お皿にご飯を盛りつけたような形に見える。この島は、満潮時には海に浮かぶ小島となるが干潮時には砂州が現われて陸地とつながる。日本で言えば江の島という所か。

なるほど世界遺産の名に恥じず、頂上に十字架のある塔を戴いた石の城壁のような姿の修道院は、その古さと造形美を誇っている。満ち潮になり、周りの海水に逆さの姿を

映して空と海の碧の中に浮かぶ姿は一種迫力を以て一層美しさを増す。逆さ富士の姿にも通じるものがあり、日本人観光客の間でも大人気のはずである。

島に入ると、修道院へと続く上り坂の小道は両側に土産店やカフェ、レストランなどが並び、賑わいを見せている。遠目には小さく見えるが、島に入ってみれば修道院は広く、修道院の中や外の坂道を散策するのは結構体力が要る。外観の美しさと対照的な内部の厳格な雰囲気に当時の修道僧の厳しい生活ぶりに思いを馳せながら一周し、出口へと向かう。

しかし、ここでちょっとだけ嫌な思いを経験した。坂が多いこともあって散策に疲れたので、バスが出発する前に一息つこうと姉と二人で島からの出口に近いカフェに入った。テラスの客席はそれ程混んでおらず、空いている席を探して座った。天気も良くテーブルからの景色も素敵だったので、他の客の注文に忙しく応対しているウェイターを良い気分で待った。しばらく待っていたが、時折我々の席の側を通ってコーヒーだの紅茶だのをあちこちのテーブルに運んでいるウェイターが、どうしたことか我々のテーブルは素通りする。

目が合ったら「アローー！」と声をかけてコーヒーを注文しようと待ち構えていたが、なぜか我々に対しては無視状態。ちょっとイライラする。さらに待って見たが、明らかに我々より後から入った他のお客が優先されていて、イライラが増す。これって差別？　それとも考えすぎ？　取り付くしまもない風情に不愉快度マックスになって抗議しようと立ち上がろうとしたが、そろそろ出発時間だと姉に宥められ、コーヒーは諦めた。

ヨーロッパはあちこちの国や街をこれまで随分訪ねたがこうした経験はなかったので、ガイドさんにこの件を報告した。ガイドさんは、

「変ですね。この観光地もある意味日本人が大勢訪れて世界的な人気を高めたのだし、日本人には感謝こそすれ、差別はないはずなんですけどね」

との返事。考えすぎだったのか？　ま、いいか。次はパリだ。

「歴女」を自負する姉はマリー・アントワネットの大ファンで彼女にちなむ観光スポットを回る事を熱望している。そんな訳で、ベルサイユ宮殿見学は、今回の旅行の目玉であり気分も大いに盛り上がる。私は以前に一度ベルサイユは見学しているが、いざ宮殿が視界に入るとやはりそのスケールに、「うわー！」と感嘆の声が上がる。
二度目とは言え、やはり壮大で美麗なその姿は圧巻であ

る。ガイドさん付きなのでその指示に従って粛々と宮殿内を歩く。前回にも感じたことだが、天井や壁、家具などに金、銀、宝石、絵画などを惜しげもなくふんだんに使った呆れるほどの贅沢な建物の様式、内装、外装、調度品の数々は何度見てもその豪華さで訪問者を圧倒する。

当時の最有力国の国王の居城で、その壮大、荘厳さで自らの権力を誇示するのだから当然と言えば当然ではある。初回にも感じたが、現代に住む我々の感覚と言うか価値観では、このような途方もない建築物は一種の「狂気」でしかない。民衆が飢えて、革命を起こそうとしている時の民の声を聞いて、

「パンがなければ、ケーキを食べればいいじゃないの」

とマリー・アントワネットが言い放ったと言う逸話を聞いたことがある。さすがにこれは後世の人達による彼女の批判のための作り話だとも聞いた。いずれにしても、当時の特権階級の人達の胸の内は現代の凡人には推し量り様もない。

逆の意味で、以前に東ベルリンを半日訪れた際に、飾り気も個性もない平凡な建物や家が並ぶ「地味で魅力のない街並み」を見て、平等を謳う社会主義の政治の何たるかを垣間見た気がしたことに思いを馳せた。後世の人がそんな平凡な建物を見に大勢で観光にやって来ることなど考えられない。世界遺産と言うけれど、その多くは人民の苦難の上にでき

上がったものでしか今日の「遺産」にはなり得ないのも人の世の皮肉ではある。

パリ市内での自由時間は、ぜひマリー・アントワネットに因む場所を見たいとの姉の強い意向で、地図を頼りに革命後彼女が幽閉されたコンシェルジェリーの牢獄を何とか見つけ、ジワジワと自己主張を始めた腰痛に鞭打って急ぎ足で訪ねた。牢獄にはアントワネットの蝋人形が置いてあって、当時の様子を再現している。王妃から罪人になり、首を刎ねられる可能性さえあるという考えられる限り最極端な身の上の変貌の中で彼女の心中はいかばかりだったのか。

次は、彼女の生涯の最後の処刑の場所であるコンコルド広場を目指して地下鉄に。残り時間に限りがあったので、小走りで広場の中の処刑された場所を探した。それは、広場の一角に小さな記念碑がそのことを伝えるだけの思ったより地味なもので、地元の人がこの王妃をあまり好意的には見ていないことを示しているようだ。危うく見逃す所であったが、なんとかこの場所を見つけることができて姉は大喜び、それを見て自分も満足した。

自分の関心としては、世界史の教科書のイラストで見たフランス革命勃発の引き金となったバスティーユ牢獄に興味があったが時間がなくなってしまった。残念なり！

さて、その日の夕方、いよいよこの旅行も最後の夕食の時を迎えた。最後でもあるし、これまで食事に関してはあまり感激する程の料理にお目に掛からず単純な味付けの西洋料理にちょっと飽きていた。そこで、パリなら日本食に困らないだろうと何とラーメン店を探そうと言うことになった。いかにも庶民派の思い付きではあるけれど、正直麺類が恋しくなっていたのも事実だ。ガイドさんに尋ねたり、観光ガイドブックを参考にしながらラーメンの店を探して最後の夜のパリの街を散策した。

すると、どうも同じ思いをしていたらしく同じツアーの人たちが何人か同じ道を歩いているのに出くわした。

「やはりラーメンですか？」などと笑いながら、目的のラーメン店を発見。やれ嬉しやと中に入ると、なんと同じツアー客たちがすでに結構の人数で来ていて、互いに「やっぱりココですか？」と大笑い。早速、日本のビールで乾杯！　運ばれたラーメンも美味しい！　これまで不味い料理やビールで食欲がなく体重を減らした姉も大満足。皆で「やっぱりラーメンが最高だね！」と大笑いと大合唱でこのヨーロッパの楽しく忘れ難い観光旅行が締めくくられた。

おわりに

さて、記憶とメモを頼りにこれまでのいろいろな外国訪問のエピソードを追体験し終わってみると、よくもまあこれだけの国に行き、人と出会い、会議や観光を「無事に」、「楽しく」できたものだと改めて感慨深い思いである。何故それができたのか。いろいろな要因はあるだろうが、突き詰めて考えてみると二つのキーワードが思い浮かぶ。それは、「幸運」と「感謝」である。実際にはそんなに単純ではないが、あくまでもキーワードである。

誰でもある程度の年月を生きれば、あわやと思われる危険なことに遭遇したり、巻き込まれたりすることがあるだろう。私にもいくつか思い当たることがあるが、その度に「幸運」に救われた。幼児のころ私を背負っていた姉が近所の沼に落ちて溺れそうになったが、偶々通りがかった見知らぬおじさんに助けられたと姉から聞いた。小学生のころ近所の火の見櫓で遊んでいる時に、2メートル位の高さから落ちて両手首と両肘を骨折したが頭や顔は無事だった。中学に入った直後虫垂炎にかかり、自覚症状が軽かったせいで手遅れとなり、危険な状態だったと医者に言われた。ブラジルで路上強盗に遭い走って逃げた。チりからブラジルへの飛行中に爆弾騒ぎに遭遇した。これらは命に関わる事態にもなり得たことだが、何かの力で助けられた。イタリアでは危うく大事なパスポートやお金を盗まれそうになったが見知らぬ夫婦に助けられた、等々。

語学が好きだったことも、大学入学や就職、転職に大きく影響しているのは間違いなく、そうした機会がどちらかと言えば向こうからやって来た感があるのも事実である。こんな言い方をするとそんな「お気楽な！」と叱られそうだが、与えられた「幸運」には感謝しかない。

「感謝」については、中年と言われる年代になってからではあるが、一つ常に感じていることがある。「人生劇場」という言葉があるが、人生とは自分に与えられた舞台で「自分」と言う主役を演じている劇場の様なものなのではないかとの思いである。学校、職場、家庭など時の流れの中で変遷する生活環境という舞台の上で、「自分」と言う役柄を必死の思いで演じている。そして周りに居てくれる親、兄弟、親しい友人、少しだけ縁があった人などそれぞれが皆「自分」のためにその人に与えられた場面に登場して与えられた役割を演じてくれている。どこかで書かれた台本に従って人と出会い、そして別れる。自分に優しく、楽しく、嬉しい役を演じてくれる人もいれば、反対に辛く、悔しい思いをさせられる役を演じてくれる人もいる。失恋して未練に苦しんでも、きっとその相手はもうその役を終えて去ってしまったのだ。すべては「自分」と言う舞台でそういう役割を演じてくれているのだと思うと、そういう人にも怒りよりも「感謝」の気持ちさえ出てくる。

何だか、すべてを悟ってしまった人間の偉そうな人生論のようなちょっと説教めいた話になってしまった。

しかし、そんなこと滅相もない。舞台はまだまだ回り続けているのだ。

〈著者紹介〉

武内晴義

群馬県太田市出身
1973年国際基督教大学卒業
1979年三和銀行勤務中に海外大学院留学制度によりブラジル、サンパウロのゲッツリオ・バルガス大学の大学院経営学特別課程を修了
その後、米系ボストン銀行の東京支店とサンパウロ支店、英系スタンダード・チャータード銀行の東京支店、在東京豪州大使館に勤務
2003年国際森林認証制度PEFCのプロモーションを目的とするNPO「PEFC アジアプロモーションズ」を設立
2016年上記の活動を引き継いだ日本の森林認証制度「緑の循環認証会議」に勤務の後、2018年に退職

愉《たの》しい旅《たび》を！ Enjoy Your Flight!
〜ハルの世界漫遊記《せかいまんゆうき》〜

2023年1月26日　第1刷発行

著　者　　武内晴義
発行人　　久保田貴幸

発行元　　株式会社 幻冬舎メディアコンサルティング
〒151-0051　東京都渋谷区千駄ヶ谷4-9-7
電話　03-5411-6440（編集）

発売元　　株式会社 幻冬舎
〒151-0051　東京都渋谷区千駄ヶ谷4-9-7
電話　03-5411-6222（営業）

印刷・製本　中央精版印刷株式会社
装丁・装画　村野千賀子

検印廃止

Printed in Japan
ISBN 978-4-344-94275-2 C0095
幻冬舎メディアコンサルティングＨＰ
https://www.gentosha-mc.com/